AF557022

HIMALAYA

Im Reich der Götter

Tecklenborg Verlag

Impressum

Der Inhalt dieses Buches wurde auf Papier
mit chlorfrei gebleichtem Zellstoff gedruckt.
Das Einbandmaterial ist recyclebar.

Die Deutsche Bibliothek – CIP Einheitsaufnahme
Himalaya, Im Reich der Götter
Hubert Tecklenborg
Steinfurt: Tecklenborg Verlag, 2001
ISBN 3-924044-92-9
NE: Tecklenborg, Hubert

1. Auflage Oktober 2001

Layout: Jan Tölle
Karte: GEO, Hamburg
Lektorat und Text: Silke Haberkorn
Gesamtherstellung: Druckhaus Tecklenborg, Steinfurt

Printed in Germany by
Druckhaus Tecklenborg, Steinfurt

Verlag und Autor garantieren, dass es sich bei den Fotografien in diesem Werk um Originalaufnahmen handelt, die nicht digital verändert wurden.

ISBN 3-924044-92-9

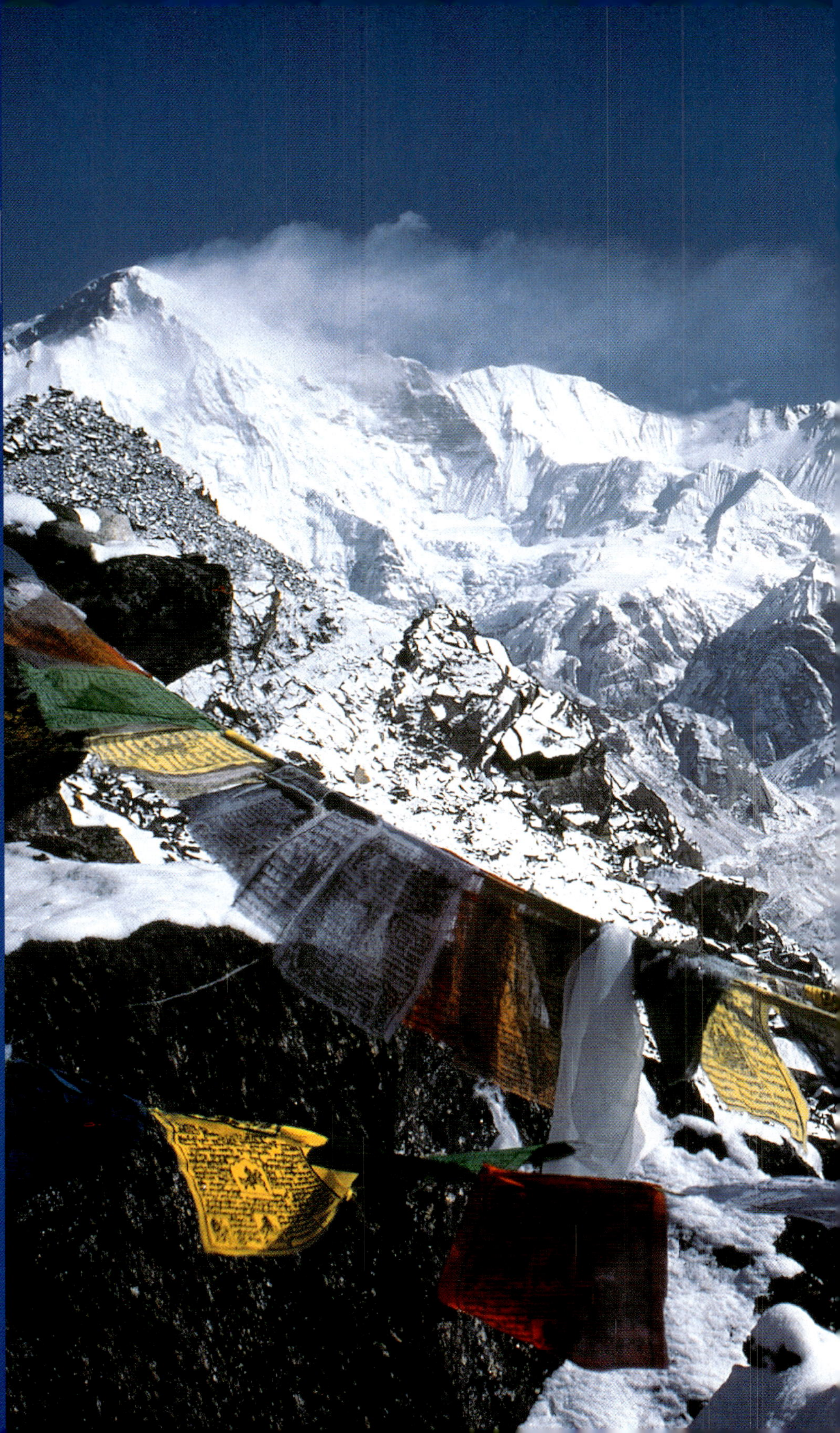

Inhalt

Vorwort

„Auch in hunderten von Zeitaltern könnte ich dir nicht genug über den Ruhm und Glanz des Himalaya erzählen!“

Aufgezeichnet vor rund zweieinhalbtausend Jahren in den Puranas, den „alten Texten“ Indiens, gelten diese Worte noch heute – auch für den vorliegenden Bildband. Es ist ein schier unmögliches Unterfangen, die Vielfalt und Schönheit des gesamten Himalaya in einem Buch einzufangen. Wir haben es dennoch gewagt! In diesem Bildband möchten wir Ihnen alle Regionen des Himalaya und die dort lebenden Menschen vorstellen: von den tropischen Urwäldern bis in die trockenen Gebirgswüsten, von den monumentalen Klosterburgen bis in die einsamsten Bergdörfer. Wir können Ihnen nur einen Ausschnitt dieser fremden und faszinierenden Welt zeigen, doch es soll der schönste Ausschnitt sein und Ihnen eine Bilderreise in den natürlichen und kulturellen Reichtum des höchsten Gebirges der Welt bieten.

Der Himalaya ist in weiten Teilen auch ein Beispiel dafür, dass verschiedene Völker und Religionsgruppen friedlich und harmonisch zusammenleben können. Viele der dortigen Heiligtümer werden von Anhängern des Buddhismus und des Hinduismus gleichermaßen verehrt, und die beiden großen Religionen haben sich im Laufe der Jahrhunderte gegenseitig befruchtet. Das Leben der Himalayavölker ist durchdrungen von einer tiefen Gläubigkeit, die sich nicht zuletzt in zahlreichen prächtigen Festen und traditionellen Zeremonien äußert. Wo die Berge Götter sind, nutzen die Menschen jede Gelegenheit zusammenzukommen, um die Dämonen zu besänftigen und die Schutzgötter und Heiligen zu feiern. Die große Bandbreite der Feste im Himalaya zieht sich wie ein roter Faden durch diesen Bildband.

Mit einer Sammlung beeindruckender Aufnahmen aus verschiedenen Fotoexpeditionen möchten wir Sie einladen in das Reich der Götter: den Himalaya.

Hubert Tecklenborg
Herausgeber

CHINA
TADSCHIKISTAN
AFGHANISTAN
Karakorum
Xinjiang
Hunza
Gilgit
Baltistan
Hindu Kusch
Dardistan
North West Frontier Province
Jammu und Kaschmir
Ladakh
Zanskar
Pir Panjal
Lahaul und Spiti
Himachal Pradesh
Punjab
PAKISTAN
Gangdise Shan
NEPAL
INDIEN
Haryana
Uttar Pradesh
Tschang Tang
Chitral
Drosh
Mingaora
Bat Kela
Charsadda
Mardan
Peshawar
Nowshera
Attock
Wah Cantonment
Islamabad
Rawalpindi
Kohat
Lachi
Bannu
Daud Khel
Pindi Gheb
Chakwal
Jhelum
Gujrat
Mandi Bahauddin
Bhera
Sialkot
Gujranwala
Jammu
Samba
Pathankot
Gurdaspur
Batala
Abbottabad
Mansehra
Muzaffarabad
Baramula
Srinagar
Sopore
Bandipur
Pampore
Anantnag
Punch
Kishtwar
Doda
Udhampur
Gilgit
Skardu
Hunza
Askole
Chamba
Dharamsala
Kangra
Mandi
Bilaspur
Shimla
Solan
Kalka
Nahan
Chandigarh
Ambala
Patiala
Sangrur
Kaithal
Karnal
Panipat
Jind
Hisar
Rohtak
Bhiwani
Delhi
New Delhi
Ghaziabad
Meerut
Hapur
Bulandshahr
Aligarh
Yamunanagar
Saharanpur
Dehra Dun
Rishikesh
Haridwar
Mussoorie
Muzaffarnagar
Najibabad
Moradabad
Amroha
Rampur
Sambhal
Bareilly
Budaun
Pilibhit
Shahjahanpur
Hardoi
Haldwan Cum Kathgodam
Kashipur
Almora
Pithoragarh
Leh
Kargil
Padum
Keylong
Gartok
Purang
Shiquanhe
Domar
Kisyl Jilga
Mazar
Nanga Parbat 8126 m
K2 (Mt Godwin Austen) 8611 m
Xinjiang
Tadschikistan
Afghanistan
Pakistan
Jammu und Kaschmir
Himachal Pradesh
Punjab
Haryana
New Delhi
Rajasthan
Uttar Pradesh
Bihar
Nepal
Kathmandu
Sikkim
Bhutan
Thimphu
West Bengal
Assam
Meghalaya
Nagaland
Manipur
Arunachal Pradesh
Myanmar (Burma)
Bangladesch
Tibet
Lhasa
Qinghai
Sichuan
China
Indien
Zeitverschiebung Winter-/Sommerzeit in Deutschland
+ 3.30/2.30 Std.
+ 4/3 Std.
+ 7/6 Std.
+ 5/4 Std.
+ 4.45/3.45 Std.
+ 4.30/3.30 Std.

CHINA
Tibet
Lhasa
Gangdise Shan
Schigatse
Gyantse
Nyingchi
Medu Gongkar
Nang Xian
Tsedang
Gongkar
Chutsu
Tolung Trisam
Yangpanchen
Nyaingentanglha Feng 7162 m
Nam Tso
Seling Tso
Kyaring Tso
Shantsa
Lagu
Tsochen
Tchari Namtso
Namling
Chaitongmoin
Silong
Lhatse Dzong
Gyatro
Kuma
Gala
Tsoma
Lhuntse
Chengye
Yamdrok Yum Tso
Tanglung
Yarlung Tsangpo
Gyimda
Horru
Lhari
Tangmai
Rawu
Namjagbarwa Feng 7756 m
Wulang
Mipi
Kangsam
Parasuram Kund
Dong
Arunachal Pradesh
Dambuk
Brahmakund
Along
Pasighat
Sadiya
Miao
Digboi
Tinsukia
Dibrugarh
Sonarigaon
Siang
Yengil
Itanagar
North Lakhimpur
Sibsagar
Jorhat
Helem
Jang
Bomdila
Tashigang
Tuensang
Mokokchung
Golaghat
Nagaland
Tabong
Maing Kwan
MYANMAR (BURMA)
Tamanthi
Banmauk
Thaungdut
Kakching
Imphal
Manipur
Dimapur
Kohima
Lumding
Nowgong
Tezpur
Rangapara
Dhekiajuli
Mangaldai
Darrang
Rangia
Pandu
Guwahati
Assam
Brahmaputra
BHUTAN
Punakha
Thimphu
Paro
Tongsa
Chirang
Phuntsholing
Chomolhari
Kankar Punsum
Sikkim
Gangtok
Chungthang
Tashiding
Kangchenjunga 8598 m
Kalimpong
Darjeeling
Siliguri
Jalpaiguri
Mainaguri
West Bengal
Alipur Duar
Koch Bihar
Dhuburi
Goalpara
Bongaigaon
Barpeta
Sapatgram
Kurigram
Meghalaya
Tura
Shillong
Jowai
Nongthymmai
Silchar
Karimganj
Sylhet
Mizoram
Aizawal
Tripura
Agartala
Comilla
Dhaka
BANGLADESCH
Mymensingh
Kishorgonj
Brahmanbaria
Sherpur
Jamalpur
Tangail
Serajgonj
Shahzadpur
Bogra
Naogaon
Rajshahi
Nawabganj
Rangpur
Saidpur
Gaibandha
Thakurgaon
Balurghat
Kaliaganj
Raiganj
English Bazar
Dhulian
Katihar
Purnia
Kishanganj
Islampur
Forbesganj
Biratnagar
Dharan
Dhankuta
Ilam
Bagdogra
Mahendranagar
Lamidanda
Tumlingtar
Jiri
Namche Bazar
Lhotse 8511 m
Makalu 8481 m
Mt. Everest 8846 m
Cho Oyu 8202 m
Rongbuk
Tingri
Shishapangma 8046 m
Jongkha
Nyalam
Zhangmu
Kodari
Langtang
Dhunche
Manaslu 8163 m
Annapurna 8091 m
Pokhara
Kathmandu
Bhaktapur
Patan (Lalitpur)
Ramechhap
Mugling
Kushma
Tansen
Butwal
Bhairahawa
Bharatpur
Hetauda
Patharkot
NEPAL
Janakpur
Jaynagar
Rajbiraj
Birganj
Raxaul Bazar
Bagaha
Padrauna
Bettiah
Motihari
Sitamarhi
Darbhanga
Saharsa
Gorakhpur
Gopalganj
Deoria
Siwan
Muzaffarpur
Bihar
Chapra
Hajipur
Barauni
Monghyr
Bhagalpur
Sahibganj
Ganges
Gandak
Kosi Reservoir
Pazaguq
Lulu
Pagri
Tsangpo
GEO-Grafik
Staatsgrenze
Bundesstaatsgrenze
Fernverkehrsstraße
sonstige Straße
Nebenstraße, Pfad
Salzsee, periodisches Gewässer
Kleines Wörterbuch
Co,Tso - See
Ringco - langer See
Tsangpo - Strom
Feng - Berg, Gipfel
Shan - Bergkette
La - Paß
Guwahati über 500 000 Einwohner
Imphal 100 000 - 500 000 Einw.
Aizawal 50 000 - 100 000 Einw.
Dhekiajuli 10 000 - 50 000 Einw.
Jang bis 10 000 Einwohner
0
100 km
200 km

Der Himalaya

Im Norden erhebt sich der göttliche König der Berge,
genannt Himalaya.
Eingetaucht in den östlichen und westlichen Ozean,
steht er da wie ein Messstab für die Erde.
Auf ihm, dem Quell unendlich vieler Edelsteine,
lässt der Schnee die ihm angeborene Schönheit doch nicht
schwinden, denn in der Fülle an Tugenden geht ein
einzelner Fehler unter wie das Zeichen des Mondes
in seinen Strahlen.

Eingangsstrophen des Gedichtes Kumarasambhava
des Kalidasa, verfasst im 4./5. Jh. n. Chr.

Staunend und ehrfürchtig wie der indische Dichter Kalidasa blicken die Menschen seit Jahrtausenden zu den schneebedeckten Gipfeln des Himalaya empor. In ihrer Schönheit dem Himmel so nah und unerreichbar konnten sie nur die Heimstätten der Götter sein. Die im Himalaya lebenden Völker sehen die Berge seit Urzeiten als heilig an; sie umgeben die Menschen, beschützen sie, bestimmen ihren Lebensrhythmus, sind zuweilen bedrohlich und gleichzeitig ein gigantisches Leben spendendes Wasserreservoir.
Der Himalaya, das höchste Gebirge der Welt, erstreckt sich etwa 2.500 Kilometer vom Indus im Nordwesten bis zum Brahmaputra im Südosten. Seine Gipfel reichen von Kaschmir im äußersten Norden Indiens über Tibet, Nepal, Sikkim und Bhutan bis zum östlichsten indischen Bundesstaat Arunachal Pradesh, wobei die Hauptkette Tibet, Bhutan und Nepal durchzieht. Allein acht der insgesamt 14 Achttausender der Erde liegen in Nepal, darunter als höchster der Mount Everest, den die Nepalesen Sagarmatha, übersetzt „Himmelsgipfel", und die Tibeter Chomolungma nennen, was soviel wie „Göttermutter" bedeutet. Beim Anblick des majestätischen Gipfels erscheinen beide Namen sehr viel passender als die ziemlich prosaische Benennung nach dem Vermessungskundler Sir George Everest der britischen Kolonialarmee. Nach Satelliten gestützten Vermessungen im Jahr 1999 geht man davon aus, dass der höchste Berg der Welt sogar noch höher ist, als bisher angenommen: 8.850 statt 8.848 Meter. Und er wird voraussichtlich weiter wachsen, denn noch immer schiebt sich die Landmasse des indischen Subkontinents, die vor Millionen von Jahren mit dem asiatischen Kontinent kollidierte, unter Nepal und China und drückt den gesamten Himalaya langsam aber beständig in die Höhe.
Der Name Himalaya stammt aus dem Sanskrit, der klassischen Literatursprache Indiens, und bedeutet „Wohnsitz des Schnees". Doch die Gebirgskette birgt weit mehr als nur weiße Pracht. In ihr finden sich die unterschiedlichsten Landschaften: von den gen Himmel ragenden Schneegipfeln, eisigen Gletscherzonen und kargen Hochebenen über blühende Almwiesen und liebliche Täler mit klaren Seen bis zu subtropischen Regenwäldern. Und so verschieden wie die Vegetationsstufen sind auch die Bewohner des gewaltigsten Gebirgszugs des Globus. Seit vorgeschichtlicher Zeit zogen die Menschen aus allen Himmelsrichtungen in die Täler des Himalaya, wo sich ein buntes Völkergemisch bis heute nicht nur ethnisch, sondern auch religiös und kulturell stark voneinander unterscheidet. Nepalesen und Kaschmiri beispielsweise zählen zur großen indoarischen Bevölkerungsgruppe, die mit dem Sanskrit verwandte Sprachen spricht. Daneben leben im Himalaya hauptsächlich tibetischstämmige Völker wie etwa die Ladakhi, die Bhutaner und die Einwohner des eigentlichen Tibet. Es existieren darüber hinaus jedoch noch zahlreiche kleinere Ethnien, die austroasiatische, sino-tibetische oder tibeto-burmanische Sprachen sprechen. Auch in der Religionszugehörigkeit zeigt sich eine große Vielfalt. So ist zum Beispiel der indische Bundesstaat Jammu und Kaschmir im westlichen Himalaya religiös dreigeteilt: Kaschmir wird mehrheitlich von Moslems, hauptsächlich Sunniten, bewohnt, der Landesteil Jammu mehrheitlich von Hindus und die Region Ladakh fast ausschließlich von Anhängern des tibetischen Buddhismus. Kennzeichnend für den Himalaya ist insgesamt ein Nebeneinander der Religionen und zum Teil sogar eine gewisse gegenseitige Beeinflussung auf volksreligiöser Ebene. In Nepal herrscht der Hinduismus vor, doch findet man hier auch viele Anhänger des tibetischen Buddhismus, der neben Tibet vor allem in Sikkim und Bhutan dominiert.

Viele der kleineren Ethnien lassen sich keiner der großen Religionen zuordnen, sondern pflegen ihre eigenen Stammeskulte und -rituale. Sie leben in der Regel in abgelegenen Gebieten, die über Jahrhunderte hinweg isoliert lagen. Nur Pilger oder Händler nutzten in den wenigen Sommermonaten die schmalen Pfade über die hohen Pässe. Diese Isolation bewirkte, dass bis in unsere Zeit hinein vielfältige Kulturen und Traditionen erhalten geblieben sind – ursprünglich und abwechslungsreich wie das Land selbst. In den versteckten Tälern des Himalaya werden auch heute noch Schamanen und Orakel von den Menschen um Hilfe gebeten, und bestimmte Bön-Bräuche sind immer noch lebendig, obwohl diese Naturreligion schon seit vielen Generationen im Buddhismus aufgegangen ist. Doch ganz gleich wem die Anbetung und Verehrung gilt, das Religiöse und Göttliche ist in seinen unterschiedlichen Ausprägungen im täglichen Leben der Himalaya-Bewohner stets präsent.

Heilige Stätten, Götter und Dämonen

Es ist kaum verwunderlich, dass eine Gebirgskette von den Ausmaßen und der Schönheit des Himalaya die Phantasie und die religiösen Gefühle der Menschen bewegt und mit zahlreichen Götter- und Dämonengeschichten in Verbindung gebracht wird. Die lange Zeit unerreichbaren, erhabenen weißen Gipfel gelten als von Geistern bewohnt, zum einen von solchen, die den Menschen Schaden zufügen, sogenannten Rakshas, zum anderen von den eher gutmütigen Yakshas, die als Schutz- und Fruchtbarkeitsgeister wirken. Diese Vorstellungen entstanden schon in der alten brahmanischen Religion Indiens. Doch nicht nur die Berggipfel, auch viele Gebirgsseen und Flüsse sind Stätten der Verehrung und Wallfahrt, die in manchen Fällen sogar für Anhänger aller Religionen Bedeutung haben.

Bunt und vielfältig wie die Völker des Himalaya sind auch die Mythen und Legenden, die sich um die heiligen Stätten dieser faszinierenden Bergwelt ranken. Jedes Volk und jeder Ort hat eine eigene Entstehungs- oder Gründungsgeschichte und in unzähligen Riten und Mysterienspielen werden die alten Traditionen lebendig gehalten. Oft gehen Mythologie, Legenden und historische Wahrheit in einem scheinbar unentwirrbaren Geflecht ineinander über. So leiten zum Beispiel die Tibeter ihren Ursprung von der Verbindung eines Affen mit einer Felsdämonin ab – und evolutionsgeschichtlich haben Menschen und Affen in der Tat gemeinsame Vorfahren. Über die Entstehung Kaschmirs sagt der Dichter Kalhana in seinem 1148 vollendeten historischen Werk „Rajatarangini“, das Land sei während der ersten sechs Weltperioden von Wasser überflutet gewesen, aber in der siebten hätten die Götter den im See wohnenden Dämon getötet und das Land Kaschmir erschaffen. Tatsächlich war vor Millionen von Jahren dort, wo sich heute der Himalaya erhebt, ein urzeitliches Meer. Erst durch die Kollision des indischen Subkontinents mit dem asiatischen Festland entstanden die höchsten Auffaltungen, die die Erde je erlebt hat. An beide mythischen

Auf jedem Basar im Himalaya werden religiöse Utensilien und der typische Schmuck der Region angeboten.

Auf dem heiligen Berg Kailash thront Shiva und entlässt aus seinem langen Haar den Ganges. Das Tigerfell, auf dem er sitzt, verhindert, dass seine spirituelle Energie in den Boden entweicht.

Darstellungen fügen sich also nahtlos wissenschaftliche Fakten an.

Das Religionssystem des Hinduismus hat um den Himalaya ein wahres Netz von Mythen gesponnen. Im Zentrum steht der Gott Himavat, der personifizierte Himalaya, der mit Mena, einer himmlischen Nymphe, drei Kinder hatte: einen Sohn namens Mainaka sowie die beiden Töchter Parvati und Ganga. Der große indische Gott Shiva, dessen Wohnsitz der heilige Berg Kailash ist, heiratete die schöne Parvati. Die andere Tochter, die Flussgöttin Ganga, dagegen entsandte Himavat auf die Erde, um mit ihren Wasserfluten die 60.000 toten Söhne eines Königs Sagara zu sühnen. Shiva jedoch hemmte ihren Aufprall auf die Erde, indem er sie in seinem Haar festhielt und erst später daraus entließ. Parvati hielt dieses Festhalten im Haar für eine Liebesbeziehung zwischen Shiva und Ganga und wurde eifersüchtig. Shiva aber war am Ende der Ehemann beider Frauen. Ein beliebtes Motiv der religiösen Kunst des Hinduismus ist Shiva, der meditierend auf dem Kailash thront während aus seinem Haar die Ganga entspringt – aus der erst die Griechen im 3. Jahrhundert vor Christus einen maskulinen „Ganges" machten.

Der 6.714 Meter hohe Kailash im tibetischen Himalaya ist den Hindus jedoch nicht nur als Thron Shivas heilig. Auch der Gott des Reichtums, Kubera, hat dort seinen Sitz. Und in der alten vedischen Religion Indiens, die nach ihren heiligen Schriften, den Veden, benannt ist, wird berichtet, dass außerdem der Götterkönig Indra den Kailash als Wohnsitz wählte. Im Hinduismus gilt der Kailash als der mythische Weltberg Meru, der Mittelpunkt der Erde; unter dem Namen Sumeru übernahm ihn als solchen die buddhistische Kosmographie.

Der Buddhismus, ursprünglich nur eine der zahlreichen Protestbewegungen gegen die erstarrte vedische Religion mit ihren Opferriten, entwickelte im Laufe seiner Ausbreitung im Himalaya seine eigenen Mythen und Legenden, die sich zunächst neben den vedischen und hinduistischen herausbildeten, sich später aber auch vermischten. Ähnliches gilt für den in Indien heimisch gewordenen Islam.

Die Buddhisten verehren den Kailash als ihren heiligsten Berg und ihr wichtigstes Pilgerziel. In Tibet unter dem Namen Gang Rimpoche, „das Juwel Schneeberg", bekannt, machen sich jedes Jahr tausende von Pilgern auf den mühevollen Weg, das monumentale Heiligtum aus Fels und Eis, an dem die drei großen Flüsse Indus, Sutlej und Brahmaputra (tibet. Tsangpo) entspringen, zu umrunden. Je härter sich eine solche Umrundung gestaltet, desto verdienstvoller ist sie dem Glauben der tibetischen Buddhisten nach. Daher messen Gläubige den Weg oft in Prostration aus, also mit der Länge ihres Körpers. Dort wo die Fingerspitzen ihrer ausgestreckten Arme die Erde berühren, werfen sie sich erneut zu Boden – so oft, bis sie am Ziel sind.

Die Verehrung, die dem gesamten Himalaya seit Urzeiten zuteil wird, liegt vor allem auch in seiner Funktion als Lebensspender begründet. In ihm entspringen die großen Ströme, wie der Ganges und die Yamuna, und die unzähligen kleineren Flüsse, deren Wasser die Felder in den Tiefebenen

Nordindiens auch in den Trockenperioden noch fruchtbar machen.
Ihre Quellen sind oft heilige Stätten, wie etwa der zwölf Kilometer von der Gangesquelle entfernte Tempelort Gangotri, der im Sommer von großen Pilgerscharen besucht wird. Brahmanen füllen hier das heilige Gangeswasser in Flaschen ab und bringen es ins Tiefland.
Neben vielen Zentren überregionaler Verehrung, wie etwa der Gangesquelle, dem Kailash oder den Heiligtümern im Kathmandu-Tal, liegt im Himalaya eine unübersehbare Zahl von heiligen Stätten, mit denen lokale Traditionen verknüpft sind. Nirgendwo sonst auf der Welt finden sich in einem Gebirge so viele Zeichen der tiefen Religiosität. Angefangen bei den zu Mauern aufgeschichteten Steinen mit dem heiligen Mantra „Om mani padme hum" an den Wegen bis zu den monumentalen Sakralbauten der Klosteranlagen des tibetischen Buddhismus. Für einen gläubigen Hinduisten oder Buddhisten ist eine Pilgertour zu einem der heiligen Orte im Himalaya oft der Höhepunkt seines Lebens. Um dieses Ziel zu erreichen ist keine Reise zu strapaziös und kein Weg zu weit. Die Pilger nehmen oft lange Fußmärsche durch Hitze und Kälte, Sturm und Schnee auf sich – zuweilen legen sie sogar so umfassende Gelübde ab, dass sie erst nach Jahren wieder zu Hause ankommen.

Hinduismus – Die Taten bestimmen die Wiedergeburt

Der Begriff „Hinduismus" wurde erst Anfang des 19. Jahrhunderts für die Vielfalt religiöser Strömungen geprägt, die sich vor rund 2.000 Jahren aus der alten vedischen Religion auf dem indischen Subkontinent entwickelt hatten. Dahinter verbergen sich Gegensätze wie der Glaube an unzählige Götter einerseits und der Glaube an einen Urgrund aller Dinge, der oft unpersönlich ist, andererseits. Aufgrund der schier unübersehbaren Fülle an Schulen, Gemeinschaften, Hoch- und Volksreligionen scheint der Hinduismus voller Widersprüche zu sein, komplex und für Außenstehende oft unverständlich. Obwohl populäre westliche Darstellungen häufig eine „hinduistischen Dreieinigkeit" von Brahma, dem Schöpfergott, Vishnu, dem Erhalter, und Shiva, dem Zerstörer, hervorheben, existieren unzählige Gottheiten. Der Hinduismus hat wie alle archaischen Religionen keinen Stifter und keinen für alle Gläubigen einheitlich geltenden Glaubenskanon. Zwar sind die alten heiligen Schriften, wie zum Beispiel die Veden, ein wichtiger Bestandteil des Hinduismus, doch besitzen sie nicht die gleiche Verbindlichkeit für alle Gläubigen wie etwa die Bibel für die Christen oder der Koran für die Moslems. Einem Hindu ist es freigestellt, ob er einen Gott oder mehrere Götter, einen Baum, einen Berg oder einen Fluss anbetet. Zwar ist der Hinduismus in seinem religiösen Brauchtum sehr stark festgelegt, aber kaum in dem, was man als Glaubensvorstellungen bezeichnet. Daher hat er sich in den vergangenen Jahrtausenden als enorm anpassungsfähige Religion erwiesen, der weise Männer und große Denker immer wieder neue Impulse gaben. Der Vorkämpfer der indischen Unabhängigkeit, Mahatma Gandhi, formulierte es so: „Der Hinduismus ist keine exklusive Religion. In ihm ist Raum für die Verehrung aller Propheten der Welt."
Das gesamte Spektrum der unterschiedlichen Glaubensvorstellungen, Rituale, Bräuche und Philosophien, die unter dem Dach des Hinduismus zusammengefasst werden, auch nur annähernd darzustellen ist unmöglich.
Der Hinduismus entstand nach der Krise der alten vedischen Religion mit einem Götterpantheon unter der Führung Indras. Diese Götter sollten durch Opfer dazu bewegt werden, für das diesseitige Wohl der Menschen zu sorgen. Die Kenntnis des richtigen Opferns war eine regelrechte Wissenschaft, die nur den Brahmanen, also den Priestern, vorbehalten war, weshalb sie eine herausragende Stellung in der Gesellschaft einnahmen und diese Religion auch als Brahmanismus bezeichnet wurde.
Die Krise des Hinduismus setzte im 7. und 6. Jh. v. Chr. ein, als Vorstellungen über einen „Brahman" genannten Urgrund aller Dinge und die Beziehung der menschlichen Seelen dazu auftraten und die ältere Religiosität ablösten. Damit einher ging der bereits zuvor ansatzweise vorhandene Glaube an einen Kreislauf der Existenzen, das heißt an eine Wiedergeburt der Seele in einem neuen Körper, wobei sich die Form dieser neuen Existenz nach dem Verhalten im letzten Leben richtete.
Je nachdem ob gute oder schlechte Taten – im Sanskrit „Karman" – angesammelt wurden, wurde man im nächsten Leben belohnt oder bestraft – im Extremfall sogar durch eine Wiedergeburt in der Hölle. Ziel des Gläubigen ist es jedoch, den Kreislauf der Wiedergeburten zu durchbrechen und Erleuchtung zu erlangen.

Während dieser Umbruchzeit des Hinduismus entstanden zahlreiche andere religiöse Bewegungen, wie zum Beispiel der Buddhismus und der Jinismus, die das gesamte heilige Schrifttum der vedischen Religion ablehnten und dem Seelenbegriff einen neuen Inhalt gaben. Im Hinduismus jedoch entstanden auf der einen Seite höchst spekulative philosophische Systeme über den Urgrund aller Dinge und die menschliche Existenz, auf der anderen Seite entwickelte sich nach dem Zusammenbruch der alten Götterwelt die Verehrung bisher kleinerer Gottheiten wie Vishnu bzw. die völlig neuer göttlicher Wesen. In einem jahrhundertelang andauernden Prozess kristallisierten sich schließlich die beiden großen hinduistischen Hauptströmungen, der Vishnuismus und der Shivaismus, heraus.
Die Inder verehren alle Gottheiten in ihrem riesigen hinduistischen Pantheon durch Pujas genannte Zeremonien, wie etwa Blumenspenden, oder feiern sie in großen Festen, die mit der Mythologie der jeweiligen Gottheit verknüpft sind. Die Anbetung eines Gottes oder einer Göttin kann sowohl zum Ziel haben, etwas zur Verbesserung der momentanen weltlichen Existenz zu erhalten, als auch Ausdruck reiner Gottesliebe sein, verbunden mit der Hoffnung auf Erlösung aus dem Kreislauf der Wiedergeburten.
Die hinduistische Gesellschaft ist in ein Kastensystem gegliedert, das jedem Menschen von Geburt an seine Position in der sozialen Hierarchie zuweist. Die Rangfolge der Geburtsgemeinschaften des Kastenwesens legt in der Regel Berufsgruppen fest, wobei der Rang einer bestimmten Berufsgruppe von Region zu Region verschieden ist. Da auch die ethnische Herkunft einer Berufsgruppe entscheidend sein kann, können zwei den gleichen Beruf ausübende Gruppen ganz unterschiedlich eingestuft werden. Diese rituelle Rangordnung hat selbstverständlich auch Auswirkungen auf die soziale und wirtschaftliche Stellung einer Kaste, obwohl die reinste Kaste nicht unbedingt mit der wirtschaftlich am besten gestellten identisch sein muss.

Buddhismus – Der Pfad zur Erleuchtung

Im Himalaya herrscht fast ausschließlich die tibetische Spielart des Buddhismus vor, die sich in vielerlei Hinsicht so stark von der Lehre des historischen Buddha entfernt hat, dass man mit einigem Recht von völlig verschiedenen Systemen mit nur einigen Gemeinsamkeiten sprechen könnte.

Siddhattha Gautama, der historische Buddha, lebte im 5. - 4. Jahrhundert v. Chr. in der im flachen Teraigebiet des heutigen Nepal gelegenen Stadt Lumbini als Sohn eines der Führer der Adelsrepublik Kapilavastu. Er war unzufrieden mit seinem Leben als verheirateter Adelsspross und begab sich daher als 29-Jähriger in die Waldeinsamkeit, um dort durch Askese und Meditation nach den Ursachen für die Leidhaftigkeit jeglicher Existenz und den Wegen zur Aufhebung des Leidens zu forschen. Die Legende berichtet, dass er, nachdem er die Askese als nutzlos aufgegeben und einen Mittelweg zwischen Wohlleben und Askese beschritten hatte, durch Meditation die Erleuchtung unter dem Bodhi-Baum erlangte.
Im Unterschied zu den aus dem Brahmanismus hervorgegangenen Wahrheitssuchern lehrte Buddha, dass die Lebewesen keinen „Persönlichkeitskern", also keine Seele, besitzen und genau wie alle Dinge einem ständigen Wandel unterworfen sind. Wobei jegliche Existenz leidhaft ist, solange sie Gier, Hass und Unwissenheit unterworfen ist. Erst das Auslöschen dieser drei geistigen Gifte und die spirituelle Erkenntnis (Bodhi) führt zum „Verlöschen" (Nirvana) aller Leidenschaften und damit zum Durchbrechen des Kreislaufes der Wiederverkörperungen, die im Buddhismus nicht an eine Seele gekoppelt sind, sondern sich nur aufgrund des angesammelten, durch Begehren entstandenen „Brennstoffes" guter und schlechter Taten ereignen.
Buddha gelang es, den Zustand des Nirvana schon zu Lebzeiten zu erreichen. Damit hatte er die Gewissheit, nach seinem Tod keine neue Existenz zu bewirken. Er lehrte nach seiner Erleuchtung den Weg der Selbsterlösung aus dem Kreislauf der Wiedergeburten, die man aber nur erlangen kann, wenn man vorher das Leben eines Mönches beziehungsweise einer Nonne auf sich genommen hat. Laien konnten jedoch durch die Unterstützung des Ordens spirituelle Verdienste erwerben und so möglicherweise in einer der nächsten Existenzen als Mönch oder Nonne das Nirvana anstreben.
Etwa um die Zeitenwende entstand dann die Vorstellung, dass Personen, die das Nirvana erlangt haben, ihre endgültige Erlösung zugunsten der großen Masse, die der Selbsterlösung nicht fähig ist, zurückstellen und für sie gewissermaßen als Mittler wirken. Diese Bodhisattvas genannten „Erleuchtungswesen" arbeiten aus Mitleid für das spirituelle Heil der

Menschen, treten aber in dieser als Mahayana („Großes Fahrzeug") bezeichneten Richtung des Buddhismus nie als konkrete historische Persönlichkeiten in Erscheinung. Eine weitere Neuerung erfuhr die buddhistische Lehre in dieser Periode durch die Einführung des Tantra, einer bestimmten Literaturgattung, die esoterische Anschauungen und Praktiken vermittelt, durch die man das Erlösungsziel ohne den langwierigen Prozess, den beispielsweise die Mönche und Nonnen des Theravada-Buddhismus in Sri Lanka und Südostasien durchlaufen müssen, viel schneller erreicht. Als Mittel dazu können Magie, Sexualität, Rituale und vor allem die Vergegenwärtigung bestimmter Dinge, Lebensumstände und übersinnlicher Ereignisse dienen. Das alles sollte aber nur unter Anleitung eines Lehrers (tibet.: Lama) geschehen, der in diesem Vajrayana („Diamantfahrzeug") genannten System höher steht als alle schriftlich fixierten Lehren und Traditionen. Als diese Schule gegen Ende des 8. Jahrhunderts durch den aus Indien stammenden Tantriker Padmasambhava in Tibet eingeführt wurde, ging sie eine fruchtbare Symbiose mit der tibetischen Volksreligion des Bön-Glaubens ein, in der Magie und Ritualismus eine bedeutende Rolle spielten. Padmasambhava war auch Mitbegründer des ersten buddhistischen Klosters in Tibet: Samye.

Im 12. Jahrhundert schließlich entwickelte sich im tibetischen Buddhismus die Vorstellung, dass sich bestimmte hohe Hierarchen, die selbst bereits die Erleuchtung erlangt haben, also ihrem Wesen nach ein Buddha sind, regelmäßig wiederverkörpern – obgleich der historische Buddha so etwas völlig ausgeschlossen hatte. Das führte dazu, dass man einige Zeit nach dem Ableben eines solchen als Tulku bezeichneten Hierarchen nach einem Kind suchte, in dem er sich neu verkörpert hatte. Erkennungsmerkmale waren dabei das „Wiedererkennen" von Gegenständen des Verstorbenen oder das Zeigen bestimmter Eigenarten durch eines der zur Auswahl stehenden Kinder. Dieses System wurde auch von der reformatorischen Gelugpa-Schule übernommen, deren bekannteste inkarnierte Hierarchen der Dalai Lama und der Panchen Lama sind. Ersterer wurde, nachdem die Gelugpa im 17. Jahrhundert die Macht in Tibet übernommen hatten, zum Staatsoberhaupt des Landes. Die Gelugpa, die wegen ihrer gelben Kopfbedeckungen auch „Gelbmützen" genannt werden, legten wieder stärkeres Gewicht auf die

Ein buddhistischer Mönch erklärt im Kloster Jharkot in Nepal das Rad des Lebens, ein grundlegendes Symbol des Buddhismus. Auch Laien wird so die Lehre Buddhas deutlich gemacht. Die Zeit bewegt sich im Rad des Lebens in Kreisen durch Phasen der Zerstörung und Neuerschaffung hindurch. Im Zentrum befinden sich drei Tiere, die die grundsätzlichen Übel der Welt symbolisieren und damit für alles Leid verantwortlich sind: Das Schwein steht für Ignoranz und Dummheit, die Schlange für Neid und Hass und der Vogel für Gier und Verlangen. Der Radkranz versinnbildlicht in einer zwölfgliedrigen Kette die Verknüpfung von Ursache und Wirkung und die schrecklichen Folgen der Sünden.

Ordenszucht und die Einhaltung des Zölibats. Viele der früheren Schulen, von denen die bedeutendsten rote Kopfbedeckungen tragen und daher als „Rotmützen" bezeichnet werden, hatten und haben dazu eine andere Einstellung. Gemeinsam sind jedoch allen Schulen des tibetischen Buddhismus mit seiner hoch entwickelten Klosterkultur die farbenprächtigen Feste und Mysterienspiele, die eine große Anziehung auf die Gläubigen ausüben.

Feste und Zeremonien – Es leben die Götter!

Hinduisten und Buddhisten kennen keinen festen Wochentag, der der Erholung dient, wie beispielsweise der Freitag bei den Moslems und der Sonntag bei den Christen. Abwechslung von der tagtäglichen Arbeit bieten jedoch zahlreiche Feste, die genau wie der harte Alltag in der oft lebensfeindlichen

Welt des Himalaya von Glauben und Spiritualität durchdrungen sind. Sowohl im Hinduismus als auch im Buddhismus werden sie entweder von allen Gläubigen im jährlichen Turnus bzw. in größeren zeitlichen Abständen gefeiert oder sind nur von regionaler Bedeutung.

Hinduistische Feste

Von den Hindus sagt man, sie hätten für jeden Tag des Jahres ein Fest. Das ist eine ernsthafte Untertreibung, denn man kann mehr als eintausend hinduistische Feste auflisten – Zeremonien zur Verehrung lokaler Tempel und Heiligtümer nicht mitgerechnet. Alle größeren Festivitäten, die von den meisten Hindus gefeiert werden, sind im Hindu-Kalender festgelegt, der ein lunisolarer ist, das heißt vom Lauf von Sonne und Mond ausgeht. Dem etwas komplizierten System liegt zwar der Sonnenkalender mit 365 bzw. 366 Jahrestagen zu Grunde, die Daten werden aber zumeist nach dem Mondkalender angegeben. Jeder Mondmonat beginnt nach dem Neumond in einem Sonnenmonat und trägt auch dessen Namen. Die weiteren Angaben erfolgen dann nicht in Sonnentagen, sondern in lunaren Tagen, sogenannten Tithis. Sie umfassen den Zeitraum von einem Mondaufgang bis zum nächsten, und es gibt in jedem Mondmonat fünfzehn helle Tithis – zunehmender Mond – und fünfzehn dunkle Tithis – abnehmender Mond. Fällt ein zweiter Neumond in einen Sonnenmonat, wird dieser Mondmonat wiederholt, das heißt er ist ein Schaltmonat. Auf diese Weise kommt es über einen längeren Zeitraum kaum zu Diskrepanzen zwischen Sonnen- und Mondjahr. Die Namen der Monate des Hindujahres lauten beginnend im April/Mai der Reihenfolge nach Vaishakha, Jyaishtha, Ashadha, Shravana, Bhadrapada, Ashvina Karttika, Margashira, Pausha, Magha, Phalguna und Chaitra (März/April). Häufig wird am sogenannten Purnima-Tithi, das heißt am Tag des Vollmondes, beziehungsweise an der 15. Tithi gefeiert.
Zu den bedeutendsten hinduistischen Festen gehören Krishnajayanti, Krishnas Geburtstag, der an der 8. dunklen Tithi des Monats Shravana gefeiert wird, und Rakhi Bandhan am Vollmondstag des selben Monats, wenn Freundschaften erneuert werden, indem man sich gegenseitig Fäden um das Handgelenk bindet. Das wichtigste Hindufest überhaupt ist jedoch Divali, das an der 13. Tithi der dunklen Monatshälfte des Ashvina beginnt und bis zum 2. Tag der hellen Monatshälfte des Karttika andauert.
An dem fünftägigen Lichterfest beschenkt man sich gegenseitig und es wird verschiedener glücklicher Ereignisse aus der Mythologie gedacht. So feiern die Menschen unter anderem den Sieg des Gottes Krishna über einen Dämonen. Am letzten Abend des Festes schwebt die Göttin des Wohlstands, Lakshmi, in jedes hell erleuchtete, geschmückte Haus und bringt Wohlstand für das kommende Jahr.
Karnevalistischen Charakter hat Holi, das jedes Jahr im Frühling gefeiert wird. Ursprünglich war es ein ländliches, agrarisches Fruchtbarkeitsfest, doch heute ist zu Holi ganz Indien außer Rand und Band. Ähnlich dem abendländischen Karneval werden an diesem Tag Rollen und Rangstufen des Menschen umgekehrt und es herrscht ausgelassene Fröhlichkeit.
Auf den Straßen ist niemand vor buntem Farbpulver und gefärbtem Wasser sicher, die Feiernden sind zum Teil kostümiert und eine Strohpuppe der Hexe Holika – einer Kinder fressenden Dämonin – wird in einem Freudenfeuer verbrannt.
Einzigartig unter den hinduistischen Festen ist das dreitägige Tij nur für Frauen (engl. Schreibweise: Teej, „drei"), das an der 3. hellen Tithi des Monats Shravana beginnt. Es vereint in sich sowohl strenges Fasten wie ausgelassenes Feiern. Während des religiösen Fastens beten Frauen für das Glück ihrer Ehe, das Wohl ihrer Männer und Kinder sowie die Reinigung ihres Körpers und ihrer Seele. Traditionell nehmen alle verheirateten Frauen sowie alle Mädchen, die die Pubertät erlangt haben, an dem Fest teil, das natürlich auch auf eine mythologische Begebenheit zurückgeht:
Die Göttin Parvati fastete und betete einst inständig, dass Shiva ihr Gemahl werde.
In der nepalesischen Stadt Bhaktapur findet traditionell am Neujahrstag die Bisket Jatra statt, das „Wagenfest". Die zahlreichen mit dem Fest verknüpften Legenden berichten, dass Shiva einst in der Gestalt eines gewöhnlichen Menschen nach Bhaktapur kam, um am Fest der Göttin Ajima teilzunehmen. Er wurde jedoch vom König erkannt und in den Palast gerufen.
Doch Shiva, auch genannt Bishvanath (Kurzform: Bis), weigerte sich und versank bis zum Hals im Erdboden (Ket). Woraufhin ihm der wütende König den Kopf abschlagen ließ. Seitdem werden er und die Göttin Ajima

bei der Bisket Jatra auf Wagen durch die Stadt gezogen. An einem bestimmten Platz setzt dann ein Tauziehen zwischen den Bewohnern der Ober- und der Unterstadt von Bhaktapur ein, das nicht selten blutig endet.
Ein wichtiges Fest, das nur in Nepal stattfindet, ist die Indrajatra. Es beginnt mit Maskentänzen, auf die mehrtägige Prozessionen mit den drei Tempelwagen der grimmigen Shiva-Inkarnation Bhairava, des elefantenköpfigen Gottes Ganesha und der Kumari, einer Art lebender Göttin, folgen.
Die von den Gläubigen stark verehrte Kumari wird im Alter von drei bis vier Jahren nach strengen Kriterien unter vielen Mädchen ausgewählt und bleibt solange Göttin, bis sie in die Pubertät kommt und durch eine neue Kumari ersetzt wird.

Buddhistische Feste

In Buddhismus werden vor allem Ereignisse aus dem Leben des Buddha gefeiert, etwa seine Geburt. Daneben haben das Neujahrsfest Losar und die jeweiligen Klosterfeste, die sogenannten Cham-Mysterien oder Cham-Tänze, besondere Bedeutung. Es handelt sich dabei um religiöse Kulttänze, bei denen Masken getragen werden, die die zuweilen furchteinflößenden Gottheiten des tantrischen Buddhismus verkörpern. Die Tänze werden teilweise nur von Musik begleitet vorgetragen, teilweise mit einigen gesprochenen Worten und manchmal werden sogar regelrechte Dramen aufgeführt.
Ursprünglich dürfte es sich bei den Cham-Tänzen um Fruchtbarkeitszauber der Ur-Religion des Bön gehandelt haben, bei denen Dämonen ausgetrieben und Menschen geopfert wurden. Durch die Tänze sollte der Winter gebannt und der ersehnte Frühling herbeigerufen werden. Im tibetischen Buddhismus ist von dem ursprünglichen Menschenopfer nur noch eine aus Teig gebildete Menschenfigur übrig geblieben, das Linga. Es symbolisiert die bösen Kräfte und dämonischen Wesen, die der Erleuchtung der Gläubigen im Wege stehen. Eine der Hauptgestalten der Cham-Mysterien, der das Gute verkörpernde Schwarzhutzauberer, bannt die feindlichen Mächte in die Teigfigur. Am Ende wird das Linga von ihm mit einem Dolch rituell getötet oder von dem Hirschmasken-Tänzer zerrissen, womit die dämonischen Wesen jedoch nicht symbolisch getötet sondern allein von ihrer Verblendung befreit werden. Der grundlegende Aspekt aller Cham-Tänze ist die Überwindung der dem Buddhismus feindlich gesonnenen Kräfte.
Traditionell finden die Cham-Tänze im Januar oder Februar statt. In der alten Religion Tibets, dem Bön, ist der 29. des 11. Monats des tibetischen Kalenders ein häufiges Datum, das heißt zur Zeit der Wintersonnenwende, die als Jahresende gilt. Aber auch das Neujahrsfest im 1. Monat des tibetischen Kalenders ist für Cham-Tänze weit verbreitet. Viele ältere Schulen des tibetischen Buddhismus, die sogenannten „Rotmützen“, beziehen sich wiederum auf den 10. Tag des 5. Monats, der als Geburtstag des großen Meisters Padmasambhava gilt, der den Buddhismus nach Tibet brachte.
Die Cham-Tänze finden jedoch nicht nur je nach Region und Kloster zu unterschiedlichen Zeitpunkten statt, auch die Anzahl der Masken und die Art der Zeremonien und Tänze ist unterschiedlich.
Das tibetische Neujahrsfest Losar ist bei der reformierten Gelugpa-Schule den „Gelbmützen“, aus deren Reihen auch der Dalai Lama kommt und die seit dem 17. Jahrhundert in Tibet dominieren, zusätzlich mit einer aufwändigen religiösen Zeremonie rund um den heiligen Jokhang-Tempel in Lhasa verbunden. Dieses Mönlam Chenmo, das „Große Gebetsfest“, dauert rund drei Wochen und hat seinen Höhepunkt in einem sogenannten Butterfest.
Eine für gläubige Buddhisten außerordentlich bedeutungsvolle Zeremonie ist zudem die Kalachakra, eine tantrische Einführung mit einem Segen, die vom gegenwärtigen 14. Dalai Lama häufiger als in der Vergangenheit erteilt wird. Das Kalachakra-Tantra ist ein Text, der mehrere Ebenen in sich vereinigt. Sein esoterischer Aspekt bezieht sich auf die Vergegenwärtigung der Gottheiten des Mandala („Kreises“) des Kalachakra („Zeitrad“), in dessen Zentrum sich der Urbuddha in Vereinigung mit der Allmutter befindet. Die gesamte Zeremonie soll dazu beitragen, Energien zu erzeugen, die den Gläubigen der Erleuchtung näher bringen. Der 14. Dalai Lama begründete 1985 die Tradition, diese Einführung auf großen öffentlichen Versammlungen zu geben, zu denen die Menschen oft von weither durch den Himalaya pilgern.

Dr. Karl-Heinz Golzio
Indologisches Seminar
der Universität Bonn

Mit Packpferden zieht ein Zanskari auf einem schmalen Pfad durch das Lungnak-Tal, das „schwarze Tal", wie der Name übersetzt heißt.

Wer aus dem Indus-Tal kommend die Passhöhe des 4.000 Meter hohen Fatu La erreichen will, muss den unzähligen Windungen der Straße von Leh nach Kargil folgen.

Eine Hängebrücke überspannt die schlammigen Fluten des Lungnak bei Raru in Zanskar.

Während draußen eisiger Winter herrscht, wärmt ein schmaler Sonnenstrahl den betenden Mönch im Andachtsraum.

„Ist ein Tal nur über einen hohen Pass zu erreichen, kommen nur böse Feinde oder gute Freunde dorthin." Diese alte tibetische Weisheit trifft ganz besonders auf Ladakh – übersetzt das „Land der hohen Pässe" – zu, wo viele Täler nur im Sommer zugänglich sind. Von Oktober bis Juni sind die zwischen 4.000 und 5.300 Meter hohen Pässe, die von Kaschmir nach Ladakh führen, aufgrund der Schneemassen gesperrt und das restliche Jahr von Steinlawinen bedroht.

Grau, Gelb, Ocker, Beige und Braun sind die Farben Ladakhs im Norden des indischen Bundesstaates Jammu und Kaschmir. Vereinzelt leuchten grüne Flecken, die die Anwesenheit von Menschen und Wasser verraten, und über allem wölbt sich ein tiefblauer Himmel. Es ist eine karge, trockene und eher lebensfeindliche Landschaft. Doch die großartige Naturkulisse mit engen Flusstälern und weiten Hochebenen sowie die alte Kultur der Ladakhis, die sich Dank der geographischen Abgeschiedenheit erhalten konnte, fasziniert von Jahr zu Jahr mehr Touristen.

Landschaftlich, kulturell und ethnisch gehört Ladakh eher zu Tibet als zu Indien, und das Land erscheint Reisenden heute zuweilen tibetischer als Tibet selbst. Was daran liegt, dass die Menschen in „Klein-Tibet", wie Ladakh gerne genannt wird, im Gegensatz zu den von China unterdrückten Tibetern ihre Religiosität und ihre Traditionen immer frei ausüben und in ihrer ursprünglichen Form pflegen konnten. Das ehemalige buddhistische Königreich Ladakh mit seiner Hauptstadt Leh ist neben Bhutan das einzige Land in der Himalaya-Region, in dem der Buddhismus in seiner ganzen Vielfalt erhalten geblieben ist und praktiziert wird. In Ladakh gibt es etwa vierzig große buddhistische Bergklöster, die am Indus und in dessen Seitentälern bis zu zehn Stockwerke hoch aufragen.

Im trockenen Windschatten des Himalaya gelegen wird Ladakh vom Monsun nicht mehr erreicht. Das Klima ist rau und trocken und lässt nur vereinzelt mit Gräsern bewachsene Hochsteppen zu. Voll- und Halbwüsten beherrschen die in ihrer Kargheit grandiose Bergwelt.

Zum rituellen Gebet, der sogenannten Puja, versammeln sich die Gelugpa-Mönche mehrmals täglich in der reich geschmückten Halle ihres Klosters. Die regelmäßige Meditation gilt als Weg, die Seele von allen Begehren, den Ursachen des Leidens, zu befreien.

Vor dem Trinken wird die Fettschicht vom Buttertee geblasen. Das nahrhafte Nationalgetränk aller Volksgruppen im Umfeld der tibetischen Kultur erinnert in seiner Mischung aus Yakbutter und heißem, gesalzenem Tee eher an eine Bouillon als an Tee.

In dieser Gebirgswüste sind die Flüsse für Mensch und Tier lebenswichtig. Der größte Fluss des Landes ist der Indus, von den Ladakhis „Sengge Khaba" genannt, weil er der Legende nach aus dem Maul eines Löwen entsprungen sein soll. In den Tälern des Indus, des Zanskar, des Suru und des Dras haben die Menschen grüne Oasen geschaffen, indem sie den Niederschlagsmangel durch künstliche Bewässerung ausgleichen. Mühsam ringen die Bauern ihre Äcker der Steinwüste ab und mühsam ist selbst der Anbau der anspruchslosen Gerste, denn die kurze Vegetationsperiode von Mai bis September lässt nur eine Ernte zu.

Oberhalb von 4.000 Metern beginnt das Reich der Nomaden, die mit ihren Schaf- und Ziegenherden über die Ausläufer des Czangtang-Plateaus ziehen. Als „Kaschmirwolle" weltberühmt geworden ist die weiche Wolle der Paschmina-Ziege eines der Hauptexportgüter Ladakhs.

Südlich von Ladakh liegt verborgen in den Falten des Westhimalaya das ehemalige kleine Königreich Zanskar, das ebenfalls zum indischen Bundesstaat Jammu und Kaschmir gehört. Drei Täler formen diese noch einsamere und abgeschiedenere Region, die von den wilden Wassern des Zanskar durchrauscht wird und in der sich die buddhistische Kultur über Jahrhunderte bis heute nahezu unverändert erhalten hat. Zanskar zählt zu den höchstgelegenen Siedlungsgebieten der Welt: Der Hauptort Padum liegt in 3.550 Meter Höhe.

Erst Mitte der 70er-Jahre für ausländische Besucher freigegeben war die Region zunächst nur zu Fuß oder mit dem Pferd zu erreichen, bis 1980 eine Straße über den 4.400 Meter hohen Pensi-La Pass gebaut wurde. Unzählige Fußpfade führen durchs Gebirge Zanskars, von denen Touristen heute viele als Trekkingrouten schätzen. Doch neben den Pässen, die zum Teil 5.000 Meter hoch liegen, müssen auf solchen Touren auch andere Hindernisse, wie Flüsse und Gletscher, bewältigt werden. Im Winter blockieren Schneefälle die Pässe und isolieren Zanskar sechs Monate und länger. In den kurzen Sommermonaten dagegen herrschen relativ milde Temperaturen. Dennoch ist die schroffe Hochgebirgslandschaft fast baumlos, da der Himalaya die tropischen Niederschläge Indiens weitgehend fernhält.

Traditionell sind die Zanskaris, die sich in überwiegender Mehrheit zum Buddhismus bekennen, in fast allen Bereichen Selbstversorger, einschließlich Hausbau und Kleidung. Sie betreiben Ackerbau und halten Schafe, Ziegen und Rinder. Was sie nicht selbst erzeugen können, tauschen sie gegen Ware. Geld spielt in der abgeschiedenen Nachbarregion Ladakhs erst in jüngster Zeit eine zunehmende Rolle.

Das sagenumwobene Kloster Puktal in Zanskar
hängt wie ein Schwalbennest im Felsen.
Es ist nicht nur ein sicheres Burgkloster, sondern
auch eine Stätte der Meditation und Ruhe.

Der heutige Dalai Lama ist die
14. Wiedergeburt des ersten Dalai Lama der
buddhistischen „Gelbmützen"-Schule.
Er ist auch die lebende Manifestation des
Bodhisattva Avalokiteshvara,
des „allerbarmenden Erleuchtungswesens".

Mandalas sind Meditationskreise, kosmische Diagramme, von denen besondere Kräfte ausgehen sollen. Im tantrischen Buddhismus sollen die geometrischen Psycho-Kosmogramme zur Meditation anregen. Eine wichtige Variante des Mandalas ist beispielsweise das Rad des Lebens, das den endlosen Kreislauf des weltlichen Lebens darstellt.
Die Mönche des Klosters Lingshed streuen hier in geduldiger Feinarbeit ein großes Mandala aus farbigem Sand. Die Instrumente zum Auftragen des Sands bestehen aus feinen Röhren mit einer Vorrichtung, die den Sand gleichmäßig in gewünschter Menge ausstreut. Bis ein solches Mandala fertig ist, vergehen rund fünf Tage. Danach wird es zusammengekehrt und der Sand einem Fluss übergeben.

Die Wände der Klöster zieren meisterhafte Abbildungen von Buddhas, Erleuchtungswesen und Heiligen, die alle den Weg des Buddhismus weisen: Das Ziel ist es, die „Heiterkeit der Seele" zu erlangen und frei zu sein von allen geistigen Giften. Die Wandmalereien werden nach strengen liturgischen und ikonographischen Regeln angefertigt. Die Farben, die Stellungen der Figuren und ihre Gesten sind genau festgelegt und drücken ganz bestimmte Dinge aus.

In 3.600 Meter Höhe steht das Kloster Lamayuru in spektakulärer Lage auf einem Hügel in einem engen Tal. Die umliegenden Berge sind karg und dünn besiedelt. Jedes Jahr im Juli findet in dem Kloster ein großes Fest mit Cham-Tänzen statt.

Die über zwei Stockwerke reichende, 15 Meter hohe Statue des Maitreya-Buddha befindet sich in einem der wichtigsten Klöster Ladakhs: in Thikse. Das Kloster gehört zum Orden der Gelugpas und liegt 20 Kilometer südöstlich von Leh im Industal.

Zanskar war schon immer eine der am dünnsten besiedelten Regionen im Himalaya. Einige Dörfer liegen über 4.000 Meter hoch. Dort herrscht ein raues Klima und die Vegetation ist spärlich, doch selbst in diesen Höhen gedeiht noch die widerstandsfähige Hochlandgerste auf den künstlich bewässerten Feldern. Das Gerstenmehl Tsampa ist daher elementares Grundnahrungsmittel, wie in fast allen tibetisch geprägten Gebieten.

Auf einem steilen Felshügel thront das Kloster Chemre in einem fruchtbaren Tal südöstlich von Leh. Der erste Abt des Klosters Hemis, Tagtshang Repa, ließ es Anfang des 17. Jahrhunderts errichten. Neben der Stärkung des Einflusses der Drukpa-Kargyüpa-Sekte sollte damit insbesondere die Verbreitung der Lehren des Padmasambhava forciert werden. Heute beherbergt das Kloster rund 75 Mönche.

Alt und Jung in traditioneller Kleidung aus handgewebtem Wollstoff: Das wird auch im Himalaya ein immer seltenerer Anblick. Vor allem die jungen Leute ziehen die mocerne westliche Konfektionskleidung der in zeitraubender Handarbeit hergestellten Kleidung vor.

Die starken Regenfälle im Frühjahr waschen aus dem Sandstein bizarre Formen – Türme, Säulen und Kegel. Viele Reisende bezeichnen diese einzigartige Landschaft um Lamayuru als schönste in ganz Ladakh.

An der Mauer vor seinem Haus trocknen Dungfladen, während der alte Zanskari sein Schuhwerk flickt.

Im Lichtschein des Innenhofes ihres Hauses spinnt eine Bäuerin Wolle.
Der Winter ist für sie angefüllt mit Handarbeiten: Wolle kämmen, spinnen und weben.

Im Licht der Abendsonne leuchten die Hänge über dem entlegenen Dorf Photoksar in Ladakh. Der Name des Landes wurde gebildet aus den Wörtern „La“, der hohe Pass, und „Dakhe“, das Land. Er bedeutet also „Land der hohen Pässe“.

Das Dorf Yulchung im Tal von Zanskar zählt zu den abgeschiedensten im ganzen Himalaya. Südlich von Ladakh gelegen, ist es von hohen Bergen umgeben und den überwiegenden Teil des Jahres vom Rest der Welt abgeschnitten. Nur ein gefährlicher Pass führt in bestimmten Monaten aus dem Talkessel heraus.

Das weite fruchtbare Tal von Leh nimmt sich wie eine Oase in der wilden Steinwüste Ladakhs aus. Um ihre schmucken Bauernhäuser mit den flachen Dächern und dicken Mauern haben die Menschen ordentliche Felder angelegt, deren satte grüne Ovale im Sommer wie Schuppen an den Hängen liegen, die sich in die Zauberwelt des Himalaya hinaufziehen.

Dem frommen Buddhisten flößen die schauerlichen Totenkopfmasken keine Furcht ein. Die von Novizen dargestellten „Herren der Friedhöfe" verdeutlichen dem Gläubigen als tanzende Skelette lediglich die Lehre des ewigen Wandels und der Vergänglichkeit allen Lebens. Sie eröffnen den Tanz und tragen das Linga auf den Festplatz: eine kleine Teigfigur, in die während der Cham-Tänze alle dämonischen Kräfte projiziert werden.

Das wichtigste Ereignis in Ladakh ist in jedem Jahr das Karsha Gustor, das traditionell im Sommer veranstaltet wird.
Gebannt verfolgen die Zuschauer das Geschehen auf dem Festplatz. Da der Platz erst rituell gereinigt werden muss, bevor die Cham-Tänze beginnen können, warten die Schwarzhuttänzer auf der steilen Treppe.

Zum Dröhnen der Trommeln und Klirren der Zimbeln, zu den tiefen Tönen der posaunenartigen Metallhörner und dem hellen Klang kleiner Glocken vollführen die Maskentänzer beim Karsha Gustor ihre religiöse Darbietung. Die Maskentänze im tibetischen Kulturkreis gehen mit großer Wahrscheinlichkeit auf die alte Bön-Religion zurück. Ein grundlegender Aspekt der Cham-Tänze ist die Vernichtung aller dem Buddhismus feindlich gesonnenen Kräfte.

Mahakala, der zornvolle Schutzgott des Klosters Karsha, erweist sich am Ende des Gustor-Festes als mächtiger Verfechter der buddhistischen Lehre, die den alten Bön-Glauben überwand. Einst war das Gustor-Fest in Karsha, dem größten und reichsten Kloster Zanskars, das Siegesfest des fruchtbaren Frühlings über die dunklen Mächte des Winters.

Im Kloster Hemis wird mit Cham-Tänzen der Geburtstag des für die Ausbreitung des Buddhismus im Himalaya so bedeutenden Padmasambhava gefeiert. Zum Tanz der 16 Heroen erscheinen die Darsteller in bunten Prachtroben, das Gesicht bedeckt durch Metallmasken. Ausgestattet mit dem Damaru, einer kleinen Doppeltrommel, in der einen und einer Glocke in der anderen Hand, bringt ihr rhythmisches Trommeln den Zuschauern Segen.

Einmal im Jahr findet im Winter im Industal von Leh das große Maskentanzfest des Klosters Spituk statt. Nachdem der Thanka an der Klostermauer entrollt wurde, betreten die Tänzer den Innenhof.

Farbenfroh gestalten sich die Maskentänze auf den Gompa-Festen in Ladakh. Monatelang haben die Mönche die komplizierten Tänze eingeübt.

Unter einem Schirm, dem Symbol großer Würde, tritt Padmasambhava auf den Festplatz von Traktok. Dem großen Magier und Missionar, der den Buddhismus nach Tibet, Bhutan und Ladakh brachte, sind die Mysterienspiele gewidmet. Der Sage nach bekehrte er die Dämonen des ursprünglichen Bön-Glaubens zu machtvollen Streitern für die Lehre des Buddha.

Rund 120 Mönche haben sich zum Fest im Kloster von Lamayuru versammelt, um mit Maskentänzen den Siegeszug der buddhistischen Lehre in Ladakh zu feiern. Die sogenannten „Rotmützen"-Mönche leben neben ihrer Religion oft ein bürgerliches Leben als verheiratete Bauern. Zum Fest pilgert das fröhliche, tief gläubige und naturverbundene Volk oft von weit her.

Das zweiwöchige Ladakh-Festival in Leh ist mit Tänzen, Wettbewerben, Ausstellungen und Theaterstücken der glanzvolle Showdown im Westhimalaya am Ende des Sommers. Aus allen Landesteilen strömen die Menschen nach Leh, um zu tanzen, zu trinken und zu schäkern, was das Zeug hält. Auch die Darden aus den indoarischen Dörfen mit ihrem aufwändigen Kopfschmuck finden sich ein. Ihre Vorfahren waren vermutlich Nomaden, und noch heute sprechen die Darden eine alte Sprache, die keinerlei Gemeinsamkeiten mit den übrigen Sprachen der Region aufweist.

Obwohl die rote Maske von fünf Totenköpfen gekrönt ist und mit grimmigem Gesichtsausdruck die langen Zähne fletscht, handelt es sich nicht um einen Dämon sondern um eine buddhistische Schutzgottheit. Es ist Mahakala, der höchste aller Bewahrer des Glaubens, der Gebieter der Geister und der Beschützer aller Menschen.

Zum Fest des Likir-Dosmoche wird in Ladakh das größte Thanka des Landes entrollt. Diese Rollbilder sind kostbare Applikationsarbeiten, die von Mönchen in jahrelanger Arbeit hergestellt werden. Die bildliche Darstellung des Buddha soll zur Meditation anregen und den Geist beruhigen.

Dem Glauben der Buddhisten zufolge ist der Tod lediglich eine Etappe auf dem langen Weg der Wiedergeburten. In der Nacht vor der Verbrennung, deren Datum zuvor ein Wahrsager festlegt, wird der Tote mit angezogenen Beinen in einen geschmückten Holzkasten gelegt. Angeführt von betenden und musizierenden Mönchen setzt sich dann am nächsten Tag ein feierlicher Zug der Angehörigen und Freunde in Bewegung, der den Leichnam zur Verbrennungsstätte begleitet.

In den versteckten Tälern Ladakhs haben sich wie vielerorts im Himalaya verschiedene Urformen des religiösen Lebens erhalten, wie das Orakel Lcags Rang Lha im Kloster Stock. Trotz der festen Verwurzelung der Menschen im Buddhismus hat sich der Glaube an zauberkräftige Schamanen und Orakelpriester erhalten.

Einige Cham-Tänzer nehmen auch Tiergestalt an: Hirsch, Yak, Tiger und Löwe bewegen sich langsam und in abgemessenen Schritten zum Rhythmus der Musik.
Die kostbaren Masken werden im Kloster aufbewahrt und nur zu den Mysterienspielen herausgegeben.

Kunstvoll mit Türkisen und Korallen besetzt und mit weit abstehenden Flügeln aus schwarzem Lammfell versehen lässt sich an den Perak genannten Hauben der Frauen im Norden Ladakhs der Reichtum einer Familie ablesen.

Der liebevolle Umgang mit den Kindern ist sprichwörtlich in Ladakh. Selten hört man ein Kleinkind schreien, denn sein Alltag ist geprägt durch Nähe und Zuneigung. An einer gelben Wollmütze erkennt man in Ladakh das Mädchen. Türkise, Süßwasserperlen und Muscheln sollen böse Geister von der kleinen Seele fernhalten.

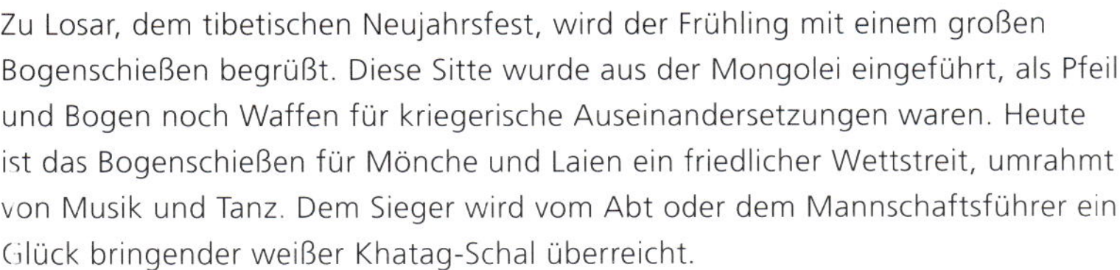

Zu Losar, dem tibetischen Neujahrsfest, wird der Frühling mit einem großen Bogenschießen begrüßt. Diese Sitte wurde aus der Mongolei eingeführt, als Pfeil und Bogen noch Waffen für kriegerische Auseinandersetzungen waren. Heute ist das Bogenschießen für Mönche und Laien ein friedlicher Wettstreit, umrahmt von Musik und Tanz. Dem Sieger wird vom Abt oder dem Mannschaftsführer ein Glück bringender weißer Khatag-Schal überreicht.

Zu den klassischen Musikinstrumenten im tibetischen Kulturkreis gehört auch die Schalmei, auf der hier ein Musiker während des Padum Hurim Festes spielt. Ursprünglich war Padum Hurim das jährliche Hausritual des Herrschergeschlechts von Zanskar.

In den langen harten Wintern rücken die Menschen in Zanskar zusammen, wie hier in Padum, wo sich die Einwohner des Ortes in einer Küche um zwei große Töpfe mit dampfendem Buttertee versammelt haben.

Auf einem zugefrorenen Fluss in Zanskar hat eine Frau ein Loch ins Eis gehackt, um mit einer Kelle aus Weidengeflecht Wasser in ihr Kupfergefäß zu schöpfen.

Nach dem ersten Schnee setzt die große Kälte ein und die Temperaturen fallen nachts bis auf -30 Grad. Brennholz ist in der kargen Landschaft äußerst rar, und so kann nur wenig geheizt werden.

Nachfolgende Doppelseite:
Der Gipfel des Gokyo Kang gilt als schönster Aussichtspunkt der Khumbu-Region. Neben vielen anderen Gipfel ist der Blick frei auf den Mount Everest, den Lhotse, den Nuptse und den Makalu.

Zwei Zanskaris transportieren Heu auf ihren Yaks. Erst nachdem es den Bewohnern des Himalaya gelungen war, die wilden Yaks zu zähmen, konnten sie das Hochgebirge bezwingen. Obwohl Yaks durch ihre Massigkeit und ihr finsteres Aussehen bedrohlich wirken, sind sie in der Regel sehr sanftmütig. Die äußerst genügsamen Reit- und Lasttiere liefern den Menschen im Himalaya alles Lebensnotwendige.

Kaschmir

„Gibt es ein Paradies auf Erden, dann ist es hier." Der Mogulkaiser Jahangir war so hingerissen von der Schönheit des Kaschmir-Tals, dass er es für das Paradies hielt. Auch heute noch lässt sich diese Euphorie angesichts des auf 1.700 Metern gelegenen, von malerischen Bergketten umgebenen grünen Tals nachvollziehen. Als ideales Urlaubsland gilt es allerdings nicht mehr, seit immer neue Gewaltwellen die Region erschüttern.

Srinagar, die Hauptstadt des indischen Bundesstaates Jammu und Kaschmir, ist berühmt für ihre verzweigten Kanäle, schwimmenden Gärten und die in langen Reihen liegenden Hausboote auf dem Dal-See.

In den frühen Morgenstunden drängeln sich die mit Obst und Gemüse beladenen, Schikaras genannten Boote auf dem Dal-See. Viele Bauern Srinagars bieten hier die Erträge ihrer schwimmenden Gärten an. Diese Gärten befinden sich auf Flößen aus geflochtenen Stielen von Wasserpflanzen, die mit Erde bedeckt und dann bepflanzt werden.

Der romantische Dal-See in Srinagar ist eine Touristen-Attraktion. Er liegt im Osten der Stadt und ist mit einer Reihe umliegender Seen verbunden.

Die bei den heutigen Urlaubern so beliebten Hausboote verdankt Srinagar dem Erfindungsgeist der britischen Kolonialherren, die im milden Klima Kaschmirs den Sommer verbringen wollten, aber auf Erlass des damaligen Maharadschas kein Land erwerben durften. So bauten die cleveren Engländer ihre Unterkünfte auf dem See. Das Zedernholz, aus dem sie bestehen, erfüllt alle Räume mit einem zarten Duft.

Kaschmir – schon vor Jahrhunderten schwärmten Indiens Herrscher von dem herrlichen Land, in das sie vor der glühenden Sommerhitze und dem Monsun flohen. Die Mogulkaiser hatten zwischen den dichten Fichten- und Kiefernwäldern und malerischen Seen genauso ihre Sommerresidenzen wie später die britischen Kolonialherren. Anschließend entdeckten die Touristen und die wohlhabenden Inder das idyllische Tal zu Füßen des Himalaya. Fruchtbare Reisterrassen, blühende Obstgärten, klare Bergseen und endlose Felder voller kostbarer Safrankrokusse: Kaschmir könnte ein Paradies sein. Doch seit der unheilvollen Teilung des Subkontinents 1947 in das hinduistische Indien und das islamische Pakistan ist Kaschmir ein explosiver Zankapfel zwischen Pakistan und Indien. Soldaten, Tote, Verwundete und Vertriebene gehören seit Jahrzehnten zum Alltag der Menschen Kaschmirs, und ein Ende der Kämpfe ist nicht in Sicht.
In der Kolonialzeit war Jammu und Kaschmir ein Fürstentum unter britischer Oberhoheit. Als Indien unabhängig wurde, plädierte der hinduistische Maharadscha von Jammu und Kaschmir für Indien, entgegen der Vereinbarung, dass die Bevölkerungsmehrheit über ihre Zugehörigkeit zu Indien oder Pakistan entscheiden könne. Es kam zum Krieg, der 1949 endete. Im Waffenstillstandsabkommen wurde nur etwa ein Drittel des Landes Pakistan zugeteilt, obwohl die überwältigende Mehrheit der Kaschmiris Moslems waren. Zwei Drittel des Landes gehören seitdem zu Indien, und bis heute kämpfen bewaffnete Moslem-Gruppen gegen die indischen „Besatzer".
Das Talbecken von Kaschmir liegt geschützt zwischen der 4.800 Meter hohen Kette des Pir Panjal im Süden und dem Himalaya im Norden.
Es ist mit der Hauptstadt Srinagar das fruchtbare Herzstück des Landes, obwohl es nur einen kleinen Teil des von Indien beherrschten Bundesstaates Jammu und Kaschmir ausmacht. Am Dal-See, Nagin-See und dem Fluss Dschelam gelegen ist Srinagar berühmt für seine schwimmenden Gärten und vielen Hausboote.
Das Klima ist in Kaschmir das ganze Jahr über angenehm kühl und trocken. Kleine Dörfer liegen umgeben von grünen Reis- und gelben Safranfeldern versteckt zwischen Pappeln und Weiden. Verlässt man den Talkessel, bekommt die Landschaft immer mehr Ähnlichkeit mit Gegenden in den Zentralalpen: klare Bergbäche, saftiggrüne Almwiesen, dunkle Nadelwälder, eiskalte Bergseen und schroffe Felsen. Die Schönheit der Landschaft zog einst mehr als eine halbe Million Besucher pro Jahr nach Kaschmir, doch seit es zu immer heftigeren blutigen Unruhen kam, versiegte der Touristenstrom weitgehend. Bleibt zu hoffen, dass Kaschmir eines Tages wieder das Paradies auf Erden wird, von dem einst Mogulkaiser Jahangir schwärmte.

SNOW GOOSE
Laila

Ein mäandernder Kanal verbindet den Dal-See mit dem Fluss Dschelam und durchzieht die malerische Altstadt Srinagars. Aber die Idylle trügt. Seit dem Unabhängigkeitskrieg der Mudschahedin gegen die indische Armee sind viele der Altbauten ausgebrannt, verfallen oder unbewohnt, weil die moslemische Bevölkerungsmehrheit die alteingesessenen Hindus aus der Stadt vertrieben hat.

Die ruhige Abendstimmung auf dem Dal-See täuscht einen Frieden vor, von dem Kaschmir leider weit entfernt ist. Wann die Unruhen endlich ein Ende haben werden, steht in den Sternen – doch wenige glauben, dass es bald sein wird.

Reis wächst in Kaschmir bis in eine Höhe von 2.000 Metern auf Terrassenfeldern, die künstlich bewässert werden. Ab Mai wird das Wasser auf die Felder geleitet und die jungen Sprösslinge werden gesetzt. Der Reis aus Kaschmir steht in dem Ruf, eine ausgezeichnete Qualität zu haben. Doch auch kostbare Teppiche, Schals, Edelsteine und der angeblich beste Safran der Welt zählen zu den Exportgütern Kaschmirs.

Das Dorf Dras, aus dem diese Männer stammen, liegt an der Grenze zwischen Kaschmir und Ladakh in einer der kärgsten Gegenden im Himalaya. Temperaturen um -50 Grad sind hier im Winter keine Seltenheit. Im Hintergrund liegt der 3.529 Meter hohe Zoji La-Pass. Die Berge, durch die er führt, stellen eine wichtige Klima- und Wetterscheide dar: im Süden das fruchtbare Kaschmir-Tal, im Norden die trockene Gebirgswüste Ladakhs.

Das Volk der Gujars hat sich seine Nomaden-Kultur bewahrt. Im Sommer treiben die Männer ihre Schaf- und Ziegenherden auf die hoch gelegenen Weiden.

Der ruhige Vishansar-See liegt in 3.680 Metern Höhe rund 80 Kilometer nordöstlich von Srinagar inmitten von Gletschern und Blumenwiesen.

Sarahan, die frühere Sommerhauptstadt des Bushahr-Reiches, ist schon ganz von der kinnaurischen Bauweise geprägt, obwohl sie erst an der Südgrenze der Region Kinnaur liegt. Die Häuser haben kunstvoll verzierte Holzveranden auf Sockeln aus Naturstein und weit ausladende Rutschendächer aus Schieferschindeln mit kleinen spitzen Holztürmchen.

Der Bhimakali-Komplex in Sarahan, ein hinduistischer Tempel zu Ehren der Muttergöttin des Himalaya, dessen Entstehungsgeschichte bis ins 15. Jahrhundert zurück reicht, gilt als einer der bedeutendsten Sakralbauten des Westhimalaya. Einmalig ist die Verschmelzung von Buddhismus und Hinduismus, die hier friedlich nebeneinander praktiziert werden, sich ergänzen und eine Synthese bilden.

Das mit Silberplatten beschlagene Tor zum zweiten Innenhof des Bhimakali-Tempels symbolisiert die Übergangszone, die Kinnaur zwischen dem hinduistischen Indien und dem buddhistischen Tibet bildet. Neben hinduistischen Götterdarstellungen sind links buddhistische Glückssymbole zu sehen: die Muschel und der unendliche Knoten.

Himachal Pradesh

Mit seinem milden Klima und den ausgedehnten Bergwäldern war Himachal Pradesh bereits in früheren Jahrhunderten eine beliebte Sommerfrische der britischen Kolonialherren. Und auch heute noch ist die ehemalige Hill Station und jetzige Hauptstadt Shimla zur indischen Ferienzeit von Mitte April bis Anfang Juli voller Urlauber. Aufwändig verzierte Holzhäuser und Tempel, abgelegene Seen und eine herrliche Bergwelt locken aber auch viele Reisende in die höheren Regionen Lahaul, Spiti und Kinnaur.

Besondere Berühmtheit hat Himachal Pradesh jedoch erlangt, seit der 14. Dalai Lama dort seinen Wohnsitz nahm, nachdem er vor der chinesischen Invasion Tibets geflohen war. In McLeod Ganj, dem oberen Ortsteil der Stadt Dharamsala, lebt er mit seiner Exilregierung und tausenden von tibetischen Flüchtlingen. Dort stehen mittlerweile mehrere neue Klöster und Tempel, das Institut für tibetische Medizin, eine tibetische Bibliothek sowie eine Thanka-Malschule.

In dem 1948 neu geschaffenen indischen Bundesstaat Himachal Pradesh, der große Teile des westlichen Himalaya umfasst, lagen früher mehrere kleine Königreiche, wie Guge oder Spiti, die aufgrund ihrer Abgeschlossenheit und Unzugänglichkeit auch während der Mosleminvasion in Nordindien unabhängig geblieben waren. Weite Teile im Norden des Landes bestehen bis heute aus unbewohnter Bergwildnis. Die Menschen haben sich dort in den engen Flusstälern in Höhen zwischen 3.000 und 3.500 Metern angesiedelt und sind größtenteils in der buddhistischen Tradition verhaftet, während die Bewohner der tiefer gelegenen Dörfer dem Hinduismus angehören.

Weit reicht der Blick vom Dach des Klosters Ki über das Spiti-Tal zu den schneebedeckten, bis zu 6.000 Meter hohen Bergketten. Ein idealer Platz für das Goldene Banner, das den Sieg des Buddhismus über die alten Formen tibetischen Glaubens symbolisiert.

Ein leuchtender Regenbogen spannt sich während der Monsunzeit zuweilen über McLeod Ganj. In dem kleinen Ort oberhalb von Dharamsala befindet sich der Sitz der tibetischen Exilregierung und der Wohnsitz von Tantin Gyatso, dem 14. Dalai Lama.

Zum Dusshera-Fest in Kulu treffen sich die Dorfgemeinschaften aus ganz Himachal Pradesh – und alle bringen sie ihre Götter mit. In farbenprächtigen Prozessionen ziehen die Menschen ins Kulutal, in ihrer Mitte eine Sänfte mit der blumengeschmückten Göttermaske, begleitet von Priestern und Musikanten.

Vor der Residenz des Dalai Lama in McLeod Ganj demonstrieren Exiltibeter gegen Chinas Besatzungspolitik, während in Ansprachen die Menschenrechtsverletzungen in Tibet angeprangert werden.

Mit Räucherkerzen in den Händen ist diese Frau in tiefe Gebete versunken. Sie hat lange Fußmärsche zurückgelegt, um an einer Zeremonie des Dalai Lama teilnehmen zu können. Ihre große Verehrung für das Oberhaupt der Tibeter strahlt sie mit jeder Pore ihres Körpers aus.

Der Dalai Lama ist weltweit so gefragt, dass Privataudienzen bei ihm in McLeod Ganj nur noch schwer zu arrangieren sind.
Wer es dennoch geschafft hat, den erwartet ein außergewöhnliches Erlebnis. Nicht sein Titel oder die große Verehrung, die ihm das tibetische Volk entgegenbringt, machen den Dalai Lama zu etwas Besonderem, sondern seine gütige Ausstrahlung und sein von Weisheit gekennzeichnetes Denken.

Bu-chen sind Wanderprediger, die im Schamanengewand dem Volk die Lehre Buddhas verkünden. Die Bu-chen, übersetzt die „großen Kerle", zelebrieren als letzte Vertreter den Kult des Steinebrechens, das „Pho-bar Dochog".
Dabei kämpft das Gute mit dem Bösen.
Durch ein langes Ritual mit Gebeten und Opfergaben fallen die Bu-chen in Trance, stechen sich dann Nadeln durch Wange und Zunge, wirbeln beim Tanz ihre Schwerter durch die Luft und balancieren auf den Schwertspitzen, ohne sich dabei zu verletzen.

Der Teufel, Symbol des Bösen, wird zu Beginn der Zeremonie mit schwarzer Kohle auf den Stein gezeichnet. Dann wird der Stein auf der Brust eines tantrisch geschulten Mönchs gespalten, um die bösen Geister zu vertreiben. Das Steinebrechen ist ein alter Kult, der sich noch aus der Übergangszeit von der Bön-Religion zum Buddhismus erhalten hat.

Eine Bäuerin jätet in einem Gerstenfeld Unkraut. Gerste ist das Hauptnahrungsmittel im Himalaya. Aus ihr wird Tsampa, geröstetes Gerstenmehl, und Chang, das tibetische Gerstenbier, hergestellt.

Spiti

Am östlichen Rand Himachal Pradeshs liegt an der Grenze zu Tibet das ehemalige buddhistische Königreich Spiti. Es besteht eigentlich nur aus einer etwa 130 Kilometer langen Bergwüste beiderseits des gleichnamigen Flusses, der am Kunzum La entspringt und bei Khabo in den Sutlej mündet. Obwohl in Indien gelegen erinnert Spiti mit seinen buddhistischen Klöstern, den kargen Hochebenen und der größtenteils tibetischen Bevölkerung eher an Tibet. Aufgrund der Nähe zum chinesisch besetzten Tibet war die herrliche Region entlang des Spiti-Flusses bis 1992 Sperrgebiet und für Ausländer nicht zugänglich.

Mit einer durchschnittlichen Höhe von 4.500 Metern zählt Spiti zu den am höchsten von Menschen besiedelten Regionen der Erde. Und erst durch die Hand des Menschen, der in dem nahezu vegetationslosen Landstrich grüne Oasen schafft, erhält diese Region ihre Schönheit.

Über dem gewaltigen Delta von Pin- und Spiti-Fluss thront wie ein Adlerhorst auf 3.890 Höhenmetern Dhankar, die alte Hauptstadt Spitis. Dhankar bedeutet übersetzt „ein Ort in den Bergen, der für Fremde unerreichbar ist".

Schon früh lernen die jungen Mönche die hohe Kunst der Cham-Tänze und gewöhnen sich an das Gewicht der Masken.

Die Schwarzhutzauberer tragen keine Masken, sondern breitkrempige Hüte aus Filz und Yakhaar, über die sich ein Turm aus Totenköpfen erhebt. In ihren Händen halten sie aus Butter und Tsampa geformte religiöse Figuren. Fester Bestandteil des Ki-Festivals in Spiti ist die Prozession über die am Boden liegenden Gläubigen.

Kein Klosterfest in Spiti ohne Cham, die religiösen Maskentänze. Die kostbaren Brokatgewänder und furchterregenden Masken haben oft beschwerliche Reisen aus Tibet hinter sich. In wildem Tanz zwingen die Cham-Tänzer den unsichtbaren Mächten ihren Willen auf.

Einer Zitadelle gleich ragt aus einem Steilhang zwischen Kaza und Kibber eine markante Hügelspitze, um die herum dicht gedrängt weiß getünchte Mönchszellen kleben. Ki Gompa ist das aktivste Kloster von Spiti und zählt zur reformierten Schule der Gelbmützen-Buddhisten. Das Kloster rühmt sich der wichtigsten Sammlung erhaltener Thanka-Kunst westtibetischen Stils.

Die meisten Cham-Tänze werden traditionell im Januar oder Februar abgehalten. Wahrscheinlich weil die Mysterienspiele in der Bön-Religion ursprünglich der magischen Bannung des Winters und der Herbeirufung des ersehnten Frühlings dienten. Mit der Verbreitung des Buddhismus wandelte sich der Cham-Tanz und die Bön-Götter wurden in die buddhistische Lehre integriert.

Auch in den entlegensten Regionen des Himalaya stehen die kleinen Chörten, Kultschreine aus massivem Stein, die von den Gläubigen im Uhrzeigersinn umschritten werden.
Keine Straße führt nach Mud, dem letzten Ort im oberen Pintal von Spiti. Um gefährdeten Tieren wie dem Schneeleoparden, dem Lämmergeier und dem seltenen Sibirischen Steinbock ein Refugium zu bieten, erklärte die Regierung das abgeschiedene Tal 1987 zum Nationalpark.

Einmal im Jahr, im Juli oder August, findet das Ki-Festival statt, das größte Ereignis in Spiti. Aus den entferntesten Winkeln der Region strömen Besucher herbei. Festlich geschmückte Frauen verteilen während des Festes Milch an die Armen.

Zu besonderen Anlässen und Festen kleiden sich die Frauen im Himalaya in ihre kostbaren Hochzeitsgewänder mit kunstvollen Silberarbeiten und Türkisen. Jedes Tal hat seine eigene Tracht. Von Generation zu Generation weitervererbt symbolisiert sie den Wohlstand einer Familie.

Die Lebensfreude der Bewohner Spitis ist ansteckend. Obwohl das Leben hart ist, haben sie immer ein Lächeln auf den Lippen, ein Leuchten in den Augen. In dem Hochtal zwischen 3.500 und 4.000 Metern ist die Sonnenstrahlung extrem intensiv und die Haut der Kinder wird schon früh gegerbt. Sonnencreme kennt man nicht.

Tabo, erbaut im Jahre 996 n. Chr., ist eines der letzten noch erhaltenen Beispiele früher tibetischer Klosterkultur in Himachal Pradesh. Kostbare Malereien und Statuen verbergen sich in dem Tempelkomplex, der sowohl in seiner äußeren wie auch in der inneren Struktur nach dem Mandala-Prinzip angelegt worden ist. In der Apsis des Tsug Lhakang, der „Halle des Studiums", verbirgt sich das Heiligtum mit den vielleicht schönsten Bodhisattva-Darstellungen. Hier ist ein Buddha in roter Robe, die Haare zum Asketenzopf gebunden, in Lehrgeste dargestellt. Seine Augen sind halb geschlossen und zeigen so den Zustand der Ekstase.

Nepal

Vorherige Doppelseite:
Ein wunderbares Panorama hat man vom 5.360 Meter hohen Gokyo-Peak: Mount Everest, Lhotse, Makalu, Cholatse und Taboche (v.l.n.r.).

Streng blicken die Augen des Buddha über das Mount Everest-Gebiet bei Dingboche. Buddhistische Stupas wie diese finden sich häufig in Solokhumbu, dem Land der Sherpas.

Blühende Rhododendronwälder säumen den Ghorepani-Pass über dem tiefen Tal des Kali Gandaki, während am Horizont der 8.167 Meter hohe Dhaulagiri im Blau des Himmels zu schweben scheint.

Das hinduistische Königreich Nepal bildet den zentralen Teil des Himalaya. Es reicht mit etwa 800 Kilometer Länge vom monsunfeuchten Osten bis in den kargen Westen. Von der Nord- zur Südgrenze erstreckt sich das Land auf durchschnittlich 200 Kilometern vom vergletscherten Haupthimalaya-Kamm mit insgesamt acht der weltweit 14 Achttausender bis in die feuchtheißen Niederungen des Terai hinab, eines Teils des Gangestieflandes. Nirgendwo sonst auf der Welt findet man innerhalb der Landesgrenzen einen derartigen Höhenunterschied wie in Nepal: von 70 Metern im Terai bis hinauf zum Gipfel des Mount Everest mit 8.850 Metern.

Durch Zuwanderer aus dem tibetischen Raum und aus Indien ist Nepal im Laufe seiner Geschichte zu einem Schmelztiegel der Völker des gesamten Himalaya-Raums geworden. Newari, Gurkhas, Sherpas, Dolpos und Lhopas bilden eine ethnische Vielfalt, die sowohl in der unterschiedlichen Physiognomie der Menschen zum Ausdruck kommt als auch in ihrer Sprache und Religion. Der überwiegende Teil der Bevölkerung Nepals bekennt sich zum Buddhismus oder Hinduismus, die in Nepal stark miteinander verflochten sind. Nicht selten werden Heiligtümer von beiden Religionen gleichermaßen verehrt.

Mehr als zwanzig verschiedene Stämme gehören nach Sprache und Rasse der indoarischen oder tibetobirmanischen Völkergruppe an, wobei einer der bekanntesten Volksstämme das kleine Völkchen der Sherpa ist, die sich vor allem durch ihren Einsatz bei Expeditionen im Himalaya einen Namen gemacht haben. Die Urbewohner des Kathmandutals sind die Newar. Aus ihren Reihen kamen die Bildhauer, Maler, Baumeister, Holzschnitzer und Bronzegießer, deren handwerkliches und künstlerisches Können die reich verzierten Paläste, Tempel und Häuser des Kathmandutals geschaffen haben – eine in der Welt einmalige Architektur.

Nepals Landschaften und Klima sind vielfältig. Der Weg von der südlichen Landesgrenze bis zu den höchsten Gipfeln im Norden führt zunächst durch tropische Urwälder an Bananenplantagen und Reisfeldern entlang.

Mit Opfergaben will am Teej-Fest jede Frau Shiva ihre Reverenz erweisen. Die erlesenen Gaben für den Gott, wie Blumen, Süßigkeiten und Geldstücke, sollen ihnen einen liebenden und treu sorgenden Ehemann bescheren.

Dann erreicht man Täler, in denen auf tausenden von Terrassen Gerste, Hirse und Weizen wachsen. Anschließend sind die Berghänge bedeckt von ausgedehnten Rhododendron-, Bambus- und Hartholzwäldern, ehe man in höheren Lagen trockene Hochebenen und Schotterfelder durchquert, um am Ende staunend vor den mächtigen Gletschern und Gipfeln zu stehen. Entsprechend den verschiedenen Klimazonen reicht auch die Flora und Fauna des Landes, die in mehreren Nationalparks besonderen Schutz erfährt, von tropisch bis arktisch. Vor allem die Sumpf- und Dschungelgebiete des nepalesischen Terai zeichnen sich durch ihren Artenreichtum aus und gehören zu den letzten Rückzugsgebieten Asiens für Tiger, Leoparden, Bären, Indische Nashörner und Elefanten.

Urwälder und Achttausender, fruchtbare Felder und gigantische Gletscher, alte Kulturen und eine moderne Metropole – Nepal ist reich an Kontrasten. Das Land ist daher nicht zu Unrecht zum beliebtesten und meistbesuchten Ziel im Himalaya avanciert. Schon seit 1950 dürfen Ausländer die faszinierende Schatzkammer im Herzen des Himalaya erkunden, und seitdem hat sich dort vieles verändert: Das zuvor mittelalterlich anmutende Nepal hat ein modernes Gesicht bekommen. Doch wer durch die drei alten Königsstädte im Kathmandutal – Bhaktapur, Patan und Kathmandu – spaziert, entdeckt in den verwinkelten Gassen noch immer herrliche alte Tempel und Paläste mit prächtig geschnitzten Fassaden und Dachkonstruktionen. Unberührtes und Unentdecktes suchen Reisende in Nepal heute jedoch vergeblich. Der Tourismus ist mittlerweile bis in den letzten Winkel vorgedrungen, und selbst vor dem Gipfel des Mount Everest stauen sich die Bergsteigergruppen aus aller Welt. Es heißt, in Nepal bestimmen heute drei Religionen das Leben der Menschen: Buddhismus, Hinduismus und Tourismus.

Drei Tage lang haben allein die Frauen das Recht zu feiern: Am Fest Teej erbitten sie die Gunst der Götter für ihre Männer und tanzen sich stundenlang in Ekstase. Das einzige Frauenfestival Nepals findet im Pashupatinath-Tempel am Ufer des Flusses Bagmati in Kathmandu statt. Es ist Nepals wichtigste Pilgerstätte und gehört zu den sieben Hauptheiligtümern des Hinduismus. Shiva wird hier in seiner Erscheinung als Pashupati, als „Herr der Tiere", verehrt. Als Beschützer aller Lebewesen ist er zugleich Schutzpatron des Landes.

Ein alter Mönch rezitiert aus dem Gebetsbuch auf seinen Knien. Die heiligen Schriften bestehen aus losen Blättern, die von zwei hölzernen Deckeln zusammengehalten und mit einem Tuch umwickelt werden.

Zum tibetischen Neujahrsfest Losar strömen Mönche und Nonnen aus allen Himmelsrichtungen in das Tal von Kathmandu.

Auf einem Hügel bei Kathmandu steht das älteste und bedeutendste Heiligtum Nepals: der goldene Turm des Stupa von Swayambunath.
Swayambunath ist der Inbegriff von Frieden zwischen den Religionen, denn direkt neben dem buddhistischen Stupa befindet sich ein hinduistischer Pagodentempel.

Bar von jeglichem irdischen Besitz haben die Sadhus, die heiligen Männer Indiens, ihr Leben ganz dem Streben nach geistiger Vervollkommnung gewidmet. Dieser Anhänger Shivas sitzt neben einer Figur des Elefantengottes Ganesha – der Hindu-Mythologie zufolge der Sohn von Shiva und Parvati.

Fast schon überirdisch leuchtet der Machapuchare, auch „Fischschwanz" genannt, in der Morgendämmerung. Bei soviel majestätischer Pracht wird verständlich, dass die Bewohner des Himalaya in den sie umgebenden Bergen Göttersitze sehen. Dem Machapuchare wird besondere Verehrung zuteil: Er ist der heiligste Berg Nepals.

Die Kumari gilt in Nepal als lebende Göttin. Im Abstand von mehreren Jahren wird ein kleines Mädchen nach bestimmten Kriterien des Hinduismus als Kumari auserwählt. Heilig bleibt sie nur bis sie in die Pubertät kommt, danach darf sie ihr Leben lang nie heiraten.

Während des tibetischen Neujahrsfestes Losar vollzieht der Vorsteher des Klosters Kopan ein Ritual zur Reinigung des Geistes von negativer Energie.

Chelas heißen die jungen Sadhu-Schüler,
die mit ihrem Guru in Paschupatinath leben.
Der Guru, dem sie ergeben dienen,
ist für sie Vaterfigur und Lehrer zugleich.
In den Stein ist das Symbol Shivas gearbeitet:
der Trishul genannte Dreizack.

Beim Dolpho-Shey Festival warten die Frauen aus dem Dorf Saldang vor dem Shey Gompa auf die Prozession der Mönche. Auf dem Kopf tragen einige schweren Silberschmuck – das Erkennungszeichen der verheirateten Frauen aus der oberen Gesellschaftsschicht.

Tausende Yogis und Sadhus – heilige Hindu-Asketen – aus ganz Indien und Nepal treffen sich jedes Jahr in der Neumondnacht des Shiva zum Shivaratrifest in Paschupatinath.
Die Gläubigen fasten in dieser Nacht und opfern dem Gott Milch, Honig und Butter.

Alljährlich im Frühling feiern Hinduisten das Holi-Fest zu Ehren Krishnas. Das wilde Spektakel geht auf eine Sage zurück, derzufolge der Gott Krishna einst die Dämonin Holika getötet und verbrannt haben soll. Holi ist vor allem bei Kindern sehr beliebt, denn traditionell werden alle Festbesucher mit buntem Farbpulver beworfen oder mit gefärbtem Wasser bespritzt.

Die Götterfigur Vishnus von Budhanilkantha ruht auf einem Bett, das aus den Körperwindungen der Riesenschlange Ananta besteht. Gläubige streuen Blumen und geweihtes rotes Farbpulver auf das Bildnis. Ananta, übersetzt „unendlich", ist die Schlange auf dem Urozean, auf der Vishnu vor einer neuen Schöpfungsperiode ruht. Für seine Anhänger ist er der universelle Gott, der Schöpfung, Erhaltung und schließlich Auflösung der Welt in sich vereinigt.

Noch vor zehn Jahren war das Ufer des Phewa-Lake in Pokhara fast unbebaut und galt als ein Geheimtipp unter den Nepal-Reisenden.
Heute bleibt einem Ruhe suchenden Touristen nur noch, sich auf einer Insel im See einzuquartieren. Aber selbst dort holen ihn abends die Geräusche westlicher Diskomusik aus den zahlreichen Restaurants und Diskotheken am Ufer ein.

Patan ist die älteste Stadt im Kathmandutal. Ihr alter Name Lalitpur heißt soviel wie „Stadt der Schönheit". Inzwischen ist Patan so mit Kathmandu verwachsen, dass man kaum noch von einer selbstständigen Stadt sprechen kann. Der Durbar Square Patans mit seinen zahlreichen Pagodentempeln und dem Königspalast ist mindestens ebenso beeindruckend wie der von Kathmandu.

Als Zeichen der Verehrung bestreuen Hinduisten ihre Götterfiguren mit rotem Farbpulver.

Das königliche Badebecken im Palast von Patan ist ein Meisterwerk der Steinmetzkunst. In der Altstadt von Patan finden sich heute noch unzählige Werkstätten, in denen Kunsthandwerker Silber, Bronze, Messing und Holz verarbeiten.

Masken, Kult- und Gebetsgegenstände werden auf dem lebhaften Basar rund um den Durbar Square in Kathmandu angeboten. In den engen Gassen stehen faszinierende Newar-Bauten aus Ziegeln und Holz – und an jeder Ecke ein Heiligtum.

Durch Zuwanderung sowohl aus dem tibetischen Raum als auch aus dem indischen Tiefland ist Nepal im Laufe seiner Geschichte zu einem Schmelztiegel der Völker aus dem ganzen Himalaya geworden. Zur tibeto-burmesischen Sprachgruppe dieses Völkergemischs zählen neben den Newar und Sherpa auch die Gurung, wie dieses Mädchen.

Abendstimmung im Dhorpatan Nationalpark. Die Almen, die auf 3.800 Meter Höhe liegen, sind nur in den Sommermonaten bewirtschaftet. Im Hintergrund steht der 7.193 Meter hohe Gurja-Himal, der westlichste Siebentausender des Dhaulagiri-Massivs.

Nächste Doppelseite:
Der Cho Oyu (8.202 m) ist einer der langgestrecktesten Achttausender im Himalaya. Beim Treck nach Gokyo wandert man seiner Gletscherfront lange Zeit entgegen und ist geblendet von seiner gleißenden Helligkeit.

Über einen längeren Zeitraum blüht im Kathmandutal Senf. Leider dehnt sich die unkontrollierte Bebauung in Nepal immer weiter aus, wovon hier, bei Dhapakhel, glücklicherweise noch nichts zu spüren ist.

Alljährlich findet in Bhaktapur das Bisket Jatra-Fest statt. Die hinduistische Gottheit Bhairab wird aus diesem Anlass auf einem Tempelwagen durch die Stadt gerollt. Der Höhepunkt des Festes ist ein Wettziehen des Wagens zwischen den Männern der Oberstadt und den Männern der Unterstadt. Bricht der Wagen bei diesem Tauziehen auseinander, sehen die Einwohner von Bhaktapur ein schlechtes Jahr auf sich zukommen.

Beim tibetischen Neujahrsfest Losar im Kopan Kloster werden, neben verschiedenen anderen Ritualen, negative Energien und Gedanken symbolisch auf eine große Puppe übertragen, die am Ende verbrannt wird.

In der Nähe von Gorkha hat man am frühen Morgen diesen Blick auf eine typisch nepalesische Landschaft.

Den langen Haaren auf den Schultern und im Nacken verdankt der Kragenbär (*Ursus thibetanus*) seinen Namen. Die bis zu 120 Kilo schweren Tiere sind leicht an ihrer weißen Brustzeichnung zu erkennen, die wie ein Y aussieht.
Sie lieben die Bergwälder des Himalaya, in denen sie auf der Suche nach ihrer hauptsächlich pflanzlichen Kost herumklettern, und stören sich auch nicht besonders an der dort herrschenden Kälte.

Panzernashörner *(Rhinocerus unicornis)* fühlen sich erst so richtig wohl, wenn sie im Wasser liegen. Sie sind äußerst gewandte Schwimmer und Taucher. An Land bewegen sich die beeindruckenden, massigen Tiere in der Regel eher gemächlich fort, doch im Galopp können sie Geschwindigkeiten bis zu 40 Kilometer in der Stunde erreichen.

Der Königstiger *(Panthera tigris tigris)* wandert im Himalaya bis in Höhen von 4.000 Metern hinauf und bleibt dabei seinem Revier über Jahre hinaus treu. Einst in ganz Asien verbreitet sind heute alle Arten des Tigers stark gefährdet. Vermutlich leben weltweit nicht viel mehr Tiger in freier Wildbahn als in menschlicher Obhut.

Einen frei lebenden Schneeleoparden *(Uncia uncia)* zu Gesicht zu bekommen, ist kaum einem Menschen vergönnt. Mit ihrem elfenbeinfarbenen, gesprenkelten Fell sind die ungemein scheuen Großkatzen im Himalaya perfekt getarnt. Im Sommer lebt der Schneeleopard in Höhen bis zu 6.000 Metern, bevorzugt jedoch in den dichten Rhododendronwäldern an den Südhängen des Gebirges. Im Winter folgt er seinen Beutetieren in tiefere Lagen.

Abseits der touristischen Pfade rund um die Annapurna-Region
findet sich noch so manches Idyll, wie dieser typische Speicher mit Stall.
Im Hintergrund leuchten die Gipfel des Annapurna-Massivs.

In den tropischen Wäldern Nepals sind viele
farbenprächtige Falter heimisch.

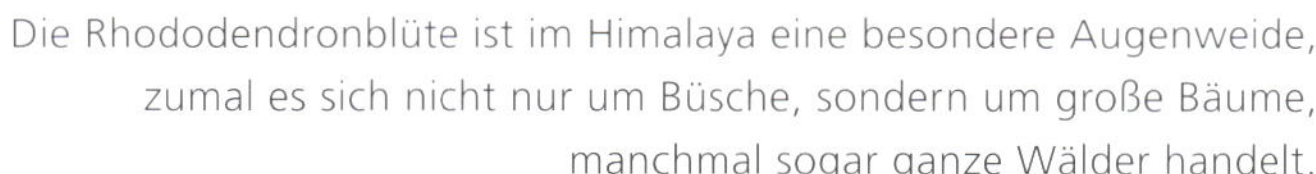

Die Rhododendronblüte ist im Himalaya eine besondere Augenweide,
zumal es sich nicht nur um Büsche, sondern um große Bäume,
manchmal sogar ganze Wälder handelt.

Auch in der Khumbu-Region rund um den Mount Everest befinden sich an den Wegen immer wieder Chörten, in denen heilige Reliquien und Texte aufbewahrt werden.

Der Goldlangur *(Presbytis geei)* wurde erst 1953 in Assam an der Grenze zu Bhutan entdeckt. Die ausgezeichneten Springer mit dem orangen Bauch leben in den winterkahlen Laubwäldern im südwestlichen Himalaya. Nur selten verlassen sie den Schutz der Bäume, um an Flüssen zu trinken.

Das 4.000 Meter hoch gelegene Muktinath an der Grenze zum geheimnisvollen Königreich Mustang ist einer der heiligsten Pilgerorte im Himalaya. Für die beschwerliche Reise dorthin werden die Pilger mit einem Bad an den heiligen 108 wasserspeienden Kuhköpfen belohnt. Dieses Bad verspricht sowohl Hinduisten wie Buddhisten eine Befreiung aus dem Samsara, dem ewigen Kreislauf von Leben, Tod und Wiedergeburt.
Wichtigster Bestandteil der Badeanlage ist ein Hindutempel, in dem Vishnu und dessen achte Inkarnation, Bodhisattva Avalokiteshvara, angebetet wird.

Ein Sadhu reibt sich nach dem rituellen Bad in Muktinath mit Asche ein. Sie steht symbolisch für die reine Substanz, die übrig bleibt, wenn die unreinen Eigenschaften des Lebens beseitigt sind. Die Asche ist ein Zeichen des Übergangs zur Befreiung des wahren Selbst von allem, was es behindert. Anschließend folgt die heilige Gesichtsbemalung mit rotem Farbpulver und weißem Kalkfarbstift: das Zeichen Vishnus.

Ein alter Sadhu hat sich mit seinen beiden jungen Schülern auf die Pilgerreise nach Muktinath gemacht. Die Bergwelt des Himalaya bedeutet eine große Herausforderung für indische Pilger, die dort plötzlich mit dem Höhenklima und der außergewöhnlichen Kälte konfrontiert werden.

Das Nyingmapa Kloster von Muktinath wurde genau an der Stelle erbaut, wo Gott Brahman der Legende nach die beiden unvereinbaren Elemente Feuer und Wasser miteinander verbunden hat. Hinter dem Gitter lodert dicht neben einer Quelle mit sprudelndem Wasser eine Flamme, die durch ausströmendes Erdgas genährt wird. Hindus und Buddhisten sehen in diesem Naturwunder ein göttliches Zeichen.

Von Muktinath aus hat man einen wunderbaren Blick auf die gegenüberliegende Bergkette.

Butterkerzen tauchen den „Gompa der ewigen Flamme" in Muktinath in ein warmes Licht. Es ist ein sehr heiliger Ort, denn durch die „brennende" Wasserquelle sind hier alle fünf Elemente vereint: Wasser, Feuer, Erde, Luft und Äther.

Der Gipfel des Dhaulagiri (8.167 m) liegt nur rund 35 Kilometer vom Gipfel des Annapurna (8.091 m) entfernt. Zwischen beiden Achttausendern hat der Fluss Kali Gandaki das tiefste Tal der Erde geschaffen.

Das Tal des Kali Gandaki, hier in der Nähe des Ortes Kagbeni, ist eine sehr wilde Landschaft. Ab Mittag wehen über das breite, flache Flussbett oft so starke Winde, dass es kaum noch begehbar ist.

Chillim, die Haschischpfeife der Sadhus. Der Rauch von Marihuana soll den Geist vom vergänglichen Körper trennen. In seiner ekstatischen Form war auch der Gott Shiva für seinen ungezügelten Haschischkonsum bekannt.

Die Gesichtsbemalung der Anhänger des Gottes Vishnu. Die drei vertikalen Striche stehen für Vishnus Inkarnation als Trivikrama, als der er mit drei Schritten alle drei Welten durchmisst.
Es gibt aber auch noch eine andere Interpretation der Gesichtsbemalung: Bei den Anhängern des Gottes Rama stehen die beiden weißen Seitenstreifen für die Helden im Hindu-Epos Ramayana: Gott Rama und seinen Bruder Laxman. Der mittlere rote Streifen steht für Ramas Frau Sita.

„Om mani padme hum" – Der in Stein gemeißelte Mantra flankiert unzählige Male die Wege zu heiligen Stätten im gesamten tibetischen Kulturkreis. Es ist der heilige Mantra des Buddhas des Mitgefühls, Avalokiteshvara, und verweist auf Buddhas Geburt aus einer Lotusblume: „Oh, Juwelenlotus!"

Die erodierte, wüstenhafte Berglandschaft ist typisch für Mustang. Mit ihren klaren Formen, gedämpften Farben und Felsen wie Orgelpfeifen ist sie trotz ihrer Kargheit von atemberaubender Schönheit. In den Talmulden ducken sich winzige Dörfer in das Grau und Ocker der Landschaft.

Mustang

Die Chörten in der Sakyapa-Baukunst mit den Sonnendächern sind charakteristisch für Mustang. Einige von ihnen haben auch einen Torbogen. Wer einen solchen Chörten durchschreitet, verinnerlicht die Buddha-Essenz.

Nördlich der beiden Bergriesen Dhaulagiri und Annapurna liegt das ehemalige Klein-Königtum Lo mit der Hauptstadt Lo Manthang, das auch heute noch der Mythos umgibt, jenes aus James Hiltons Roman „The lost Horizon" bekannte, sagenumwobene „Shangri La" zu sein, das Paradies auf Erden im Himalaya. Mittlerweile ist aus dem Königreich Lo der rund 2.500 Quadratkilometer große nepalesische Distrikt Mustang geworden, halbautonom und immer noch mit einem König.

Mustang ragt im Regenschatten des Himalaya-Hauptkammes auf 3.600 Metern Höhe wie ein Zahn nach Tibet hinein. Durchschnittlich fallen nicht mehr als 25 Zentimeter Niederschlag pro Jahr, weshalb sich in dem weiten Hochtal nur wintertrockene, weithin wüstenhaft kahle Steppen finden. Ackerbau ist aufgrund der Trockenheit nur in kleinen bewässerten Oasen möglich, die vom Kali Gandaki oder einem seiner Nebenflüsse gespeist werden. Daher war der Handel für Mustang immer sehr bedeutend.

Durch das Königreich führte vor Jahrhunderten ein wichtiger Karawanenpfad nach Tibet: die sogenannte Salzstraße, auf der Salz von Tibet nach Indien gebracht wurde. Ihr verdankte Mustang in früheren Zeiten den Reichtum durch Wegezölle. Der Niedergang des Landes begann im 19. Jahrhundert mit dem Verlust des Steuerrechts und der Verlagerung des Handels auf andere Routen.

Die nur rund 2.400 Bewohner Mustangs, die Lopas, sind Buddhisten. Ihre Vorfahren wanderten einst aus Tibet ein und brachten die buddhistische Kultur mit. Heute leben die Lopas vom Ertrag ihrer mühsam bewässerten Felder und von ein wenig Viehzucht. Die in Mustang lebenden Tibeter ziehen als nomadische Schaf- und Ziegenzüchter durchs Land, halten aber auch Yaks, Pferde und Maultiere.

Tief verborgen im Inneren des Himalaya ist Mustang mittlerweile zum Traumziel vieler Nepal-Kenner geworden. Nachdem es lange Jahre von Nepal zum militärischen Sperrgebiet erklärt worden war, dürfen ausländische Reisende erst seit 1992 wieder das kostbare Kleinod tibetischer Kultur in Nepal besuchen.

Wo sich heute die höchsten Berge der Welt erheben, war vor Jahrmillionen ein urgeschichtliches Meer. Dieser überraschende geologische Aspekt erklärt, warum sich selbst in den Gipfelregionen des Himalaya noch maritime Fossilien wie diese Ammoniten finden.

In der Nähe der kleinen Siedlung Tetang hat die Zeit tausende von Erosionsrinnen in den weichen Lehm, Sandstein und Schotter gegraben. In jahrhundertelanger Arbeit haben die Menschen dem steinigen Boden fruchtbare Terrassen abgerungen und mit Gletscherwasser bewässert.

Folgende Doppelseite:
An den Mustang-Chörten am Ortseingang von Tangbe fällt der Blick in die Weite des Transhimalaya. Typisch für die Mustang-Chörten sind die Sakya-Farben grau, rot und weiß. Sie stehen für Vajrapani, den Diamantträger, für Manjushri, den Buddha der Weisheit, und für Avalokiteshvara, den Buddha des grenzenlosen Mitgefühls.

Der Klang der langen Metallhörner ruft die Gläubigen zum Gebet.

Zur Gebetswoche der Kalachakra versammeln sich tausende von Mönchen und Pilgern, die teilweise in vielen Tagesmärschen bis aus Tibet kommen, um im Stadion von Gangtok den Worten des Dalai Lama zu lauschen und seinen Segen zu erhalten.

Wo immer Buddhisten leben, flattern Gebetsfahnen im Wind. Durch sie soll der Mantra übers Land getragen und so die ganze Welt mit den heiligen Worten erfüllt werden.

Sikkim

Das kleine Land zwischen Nepal, Tibet und Bhutan im östlichen Himalaya wird vom mächtigen Massiv des Kanchenjunga beherrscht, der mit 8.598 Metern zwar nur der dritthöchste Berg der Welt ist, doch mit seinen fünf Gipfeln, seiner Masse und der Länge seiner Kämme jeden anderen Berg übertrifft. Der Hauptschutzgott von Sikkim, Vaishravana, hat auf dem Kanchenjunga seinen Sitz und die fünf Gipfel gelten als die heiligen „Fünf Kleinode des ewigen Schnees". Auf ihnen bewahrt der Gott des Reichtums die fünf verschiedenen Kleinodien auf, die es auf der Welt gibt: Gold, Silber, Kupfer, Korn und heilige Bücher. Für die Lepcha, die Ureinwohner Sikkims, ist der Kanchenjunga sogar nicht nur als Wohnstätte der Götter heilig, sondern selbst der höchste Gott. Daher erhielten die ersten Bergsteiger, die seinen höchsten Gipfel bezwingen wollten, von der Regierung des Landes die Genehmigung dazu nur unter der Bedingung, dass sie wenige Meter unterhalb des Gipfels umkehren. Man befürchtete, das Land würde sonst den Zorn der Götter zu spüren bekommen.
Lepchas und Bhotias, die vor Jahrhunderten von Tibet nach Sikkim einwanderten, brachten die Lehre Buddhas mit und machten Sikkim zu einer Hochburg des Buddhismus. Seit der gewaltsamen Annexion Tibets durch China ist der 22. Bundesstaat der Indischen Union zudem ein Zufluchtsort für viele Tibeter geworden. Die buddhistische Bevölkerung Sikkims bewahrt ihre alten Traditionen unter anderem in den berühmten und an Kunstschätzen reichen Klostern vom Rumtek und Pemayangtse. Doch daneben zeugen weit über einhundert Klöster und Tempel von der tiefen Religiosität der Menschen.

Dieser unscheinbare Ort wird von vielen als die Geburtsstätte des Königreichs Sikkim angesehen und entsprechend verehrt. Einen geschichtlichen Beweis gibt es zwar nicht, doch manche Sage ist stärker im Glauben der Menschen verankert als irgendein Dokument.

Mit einer Länge von rund 100 Kilometern und einer Breite von rund 75 Kilometern ist Sikkim so klein, dass es sich von einem hoch gelegenen, zentralen Standpunkt aus komplett überblicken lässt. Aufgrund der enormen Höhenunterschiede – von 240 Metern in der Ebene bis zum Gipfel des Kanchenjunga – findet sich in dem kleinen Sikkim trotzdem eine erstaunliche Bandbreite an verschiedenen Vegetationsstufen: vom feuchten Tropenwald mit hunderten Orchideenarten über die dichten Bergwälder mit feuerroten, rosa oder weißen Baumrhododendren bis zur alpinen Steppe. Smaragdgrüne Flüsse wie die Tista winden sich durch die Täler, während an den Hängen Terrassenfelder aufsteigen. Kleine Dörfer liegen in einer sanftgrünen Landschaft, umgeben von dichten Wäldern, in denen im Norden Sikkims Antilopen, Wildschafe und -ziegen, Wildesel und Yaks leben.
In den bewaldeten Tälern tummeln sich Bären, Kleine Pandas, Silberfüchse und Leoparden, im Süden auch Makaken und Languren. Außerdem beherbergt die Tierwelt Sikkims das stark bedrohte Moschustier, den Himalaya-Tahr und rund 500 verschiedene Vogelarten. Zum Erhalt der artenreichen Flora und Fauna wurde 1929 mit dem Kanchenjunga Nationalpark der höchstgelegene Nationalpark der Welt eingerichtet.

Der Kanchenjunga hält die Regenwolken des südwestlichen Monsuns auf und beschert Sikkim damit eine Vielzahl von Flüssen und Seen.
In der üppigen, geradezu tropisch anmutenden Vegetation des Landes finden exotische Blumen und eine artenreiche Tierwelt ideale Lebensbedingungen vor.

Das Kloster Rumtek ist der Hauptsitz des Kagyu-Ordens und wurde in den 60er-Jahren als originalgetreue Kopie des tibetischen Klosters Chhofuk erbaut. Chhofuk war von den dort lebenden Mönchen nach der Invasion der Chinesen aufgegeben worden. Sie flohen nach Sikkim.

Ein Türgriff am Hauptportal des Klosters Rumtek. Hinter den Pforten der buddhistischen Klöster Sikkims befinden sich einzigartige Schatzkammern sakraler Kunst.

Im Bereich des Hauptportals des Klosters Rumtek zeigen Wandmalereien die vier Weltenhüter: hier der Hüter des Ostens, Dhritarashtra. Die Laute weist ihn außerdem als König der himmlischen Musiker aus, die im Götterparadies am Kailash wohnen.

links:
Das Fest im Kloster Enchey steht ganz im Zeichen der Cham-Tänze. Hinter den verschiedenen Masken stecken die Lamas des Klosters, die trotz ihrer zum Teil recht schweren Kostüme elegant die komplizierten Schrittfolgen beherrschen.

Begleitet von liturgischen Gesängen und dem Klang von Zimbeln, Schalmeien, Metallhörnern und Trommeln drehen sich die Tänzer, die mit ihren Gewändern und Masken bestimmte Götter des tantrischen Pantheons darstellen. Masken und Kostüme sind Teil des Klosterschatzes und werden nur anlässlich des Klosterfestes getragen.

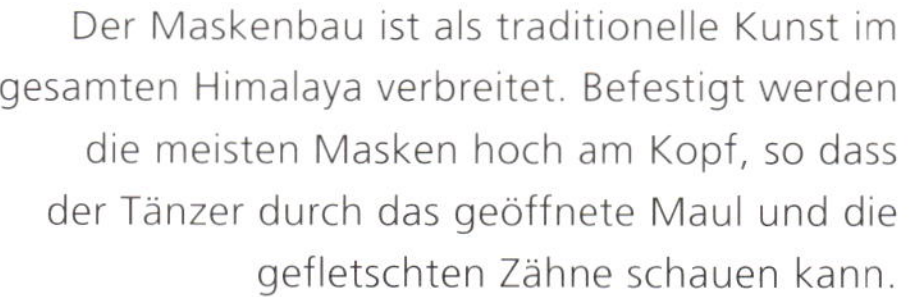

Der Maskenbau ist als traditionelle Kunst im gesamten Himalaya verbreitet. Befestigt werden die meisten Masken hoch am Kopf, so dass der Tänzer durch das geöffnete Maul und die gefletschten Zähne schauen kann.

Sikkim ist berühmt für seine Orchideen, von denen dort über 600 Arten in den Baumkronen und am Boden der nebelfeuchten Bergwälder wachsen. Der Orchideenreichtum erstreckt sich von den warmen Tälern des Südens bis auf eine Höhe von rund 3.000 Metern, wobei die verschiedenen Arten vom Frühling bis in cen Herbst hinein zu unterschiedlichen Zeiten blühen.

Die im Norden entspringende Tista ist Sikkims wichtigster Fluss; sein Tal ist die sogenannte „Reiskammer" des Landes, obwohl dort auch Gemüse, Getreide und Tee angebaut wird. Die Terrassen wurden über Jahrhunderte hinweg mühsam an den Hängen angelegt.

Gemäß der buddhistischen Tradition schickt jede Familie einen ihrer Söhne ins Kloster. Nach einigen Jahren kann er dann entscheiden, ob er Mönch bleiben möchte. Bis sie 14 werden dienen die Novizen den älteren Mönchen und erlernen das Spielen der heiligen Musikinstrumente.

Vom einem der bunten Fenster des Klosters Enchey aus verfolgen Kinder die kunstvollen Tänze im Innenhof. Die Bevölkerung Sikkims setzt sich aus den Volksstämmen der Nepalis, Lepchas, Bhotias und Limbus zusammen, die harmonisch miteinander leben und viele gemeinsame Traditionen haben. Dieser Harmonie verdankt Sikkim seinen Namen, denn das Wort leitet sich von dem Limbu-Begriff Sukhim ab, der soviel bedeutet wie „glückliches Haus".

Kulturelles Zentrum des einstigen kleinen Fürstentums, das die Einheimischen Mön-Yül nennen, ist das auf 3.050 Metern gelegene Kloster Tawang im Westen des Landes. Ähnlich wie in den Dzongs im benachbarten Bhutan liefen hier in der Vergangenheit politische und religiöse Funktionen zusammen. Mit der Gründung im Jahr 1680 blickt das Kloster, das als größten Schatz eine knapp zwei Meter hohe Buddha-Statue aus Gold bewahrt, auf eine über dreihundertjährige Geschichte zurück.

In einer der gewaltigsten Schluchten der Erde bricht der Brahmaputra durch den östlichen Himalaya und ändert dabei häufig seinen Namen. In Tibet überwiegend Tsangpo genannt, wird der Fluss später zum Dihang und Siang. Mit diesem Namen wird auch einer der zentralen Distrikte in Arunachal Pradesh bezeichnet. Die Siang-Schlucht ist im Verhältnis zum hügeligen Bergland dünn besiedelt, da die steilen Hänge schwierig zu bearbeiten sind.

Arunachal Pradesh

Tempel und Versammlungshallen des Klosters Tawang sind mit fein gearbeiteten Wandmalereien geschmückt – hier eine zornvolle Erscheinungsform der Göttin Tara.

Wie viele andere Völkerschaften im östlichen Himalaya leben die Hill Miri in Pfahlbau-Häusern, die ihnen Schutz vor der Feuchtigkeit des Bodens aber auch vor Ungeziefer bieten. Ihre Dörfer liegen meist, wie schon das Wort „Hill" (engl. Berg) verrät, in Schutzlagen auf Hügelkämmen, die von dichter Vegetation und Feldern umgeben sind.

Gesperrt, verschlossen und rückständig: Das waren seit der britischen Kolonialzeit die offiziellen Bezeichnungen für die sieben nordöstlichen Bundesstaaten Indiens, zu denen auch Arunachal Pradesh gehört. Zusätzlich zu den politischen Umständen sorgten die schwer zu überwindenden Berge und stärkste Monsunregen dafür, dass die fruchtbaren Täler und dichten Wälder im äußersten Nordosten Indiens von der Außenwelt weitgehend abgeschnitten waren. Im heiklen Grenzgebiet zwischen Bhutan, Tibet, China und Myanmar gelegen war Arunachal Pradesh größtenteils militärisches Sperrgebiet und kann erst seit einigen Jahren bereist werden. Doch bis heute ist die paradiesisch anmutende Gebirgswelt selbst für Inder oft ein weißer Fleck auf der Landkarte. Der „Außenposten", der nur durch einen zwanzig Kilometer breiten Korridor mit Indien verbunden ist, zählt immer noch zu den am dünnsten besiedelten und am wenigsten erforschten Regionen des Subkontinents. Geographisch meist als „Assam-Himalaya" bezeichnet ist der 24. indische Bundesstaat die Heimat verschiedener ethnischer Gruppen, die in den vergangenen Jahrhunderten an den Brahmaputra gezogen waren. In den dortigen Bergwäldern lebt das bunteste Völkergemisch des Himalaya. Selbst Ethnologen kennen sich bislang im Land der rund einhundert Volksgruppen, darunter Abkömmlinge von mongolischen, tibetischen und burmesischen Völkern, nur wenig aus. Winzige Dörfer, dichte Wälder, leuchtend grüne Flusstäler: Jedes entlegene Tal birgt seine eigene Welt.

Arunachal Pradesh, übersetzt das „Land der aufgehenden Sonne", wäre passender als „Land des niedergehenden Regens" bezeichnet worden, denn die winterlichen Niederschläge summieren sich dort zusammen mit dem sommerlichen Monsun zu den höchsten Niederschlagsmengen in ganz Asien. Es ist daher kaum verwunderlich, dass Arunachal Pradesh mit riesigen, dichten, tropisch-immergrünen Urwäldern aufwarten kann.

Die Ausläufer des Himalaya sind hier vergleichsweise niedrig und fallen nach Süden in steilen Schluchten ab. In den tieferen Lagen stehen reine Laubwälder, in denen Affen und Tiger leben. Wilde Elefanten, Sambar-Hirsche und Indische Nashörner streifen im Kaziranga Nationalpark durchs hohe Gras. In höheren Lagen findet man vor allem Rhododendron und Koniferen, und darüber schließlich – in der Welt der Steinböcke, Moschustiere und Bären – wachsen alpine Sträucher und Matten.

Die Fahrt vom Assam-Tiefland hinauf in den tibetisch geprägten Tawang-Distrikt Arunachal Pradeshs führt zunächst durch die Dschungel des mittleren Berglandes und schließlich über den 4.215 Meter hohen Pass Se La. Das Schmelzwasser der umliegenden Berge sammelt sich hier in einem kleinen See.

In Arunachal Pradesh leben die Apatani, eine der größten Volksgruppen im östlichen Himalaya. Sie sind für ihre handwerkliche Geschicklichkeit und ihr Kunsthandwerk bekannt, wie beispielsweise den Rohrstock- und Bambusschmuck, mit dem sich ihre Frauen herausputzen. Charakteristisch sind die als Schmuck getragenen großen Nasenpflöcke, die man heutzutage nur noch bei älteren Apatani-Frauen sieht.

Die Mönpa sind ihrer ethnischen Herkunft nach Tibeter, deren Heimat Tawang zu Beginn des 20. Jahrhunderts von den Briten beansprucht und dann Indien eingegliedert wurde. In vieler Hinsicht bewahren sie sich ihre kulturellen Eigenheiten, die sie von den Tibetern im eigentlichen Tibet, aber auch von den Menschen in Bhutan und den anderen Völkern des Osthimalaya unterscheiden. Ein augenfälliges äußerliches Merkmal beispielsweise in der Kleidung ist eine solche für die Mönpa typische Filzmütze.

Eine der bekannteren Stammesgruppen unter den Adi sind die Gallong, die überwiegend im Herzen des Siang-Distriktes von Arunachal Pradesh siedeln. Im Gegensatz zu den Bergstämmen, die Brandrodungsfeldbau betreiben, wird in diesem Dorf der Gallong bei Along Reis angebaut.

Tibet

Der Kailash in Westtibet ist für Hinduisten, Buddhisten, Jainas und Anhänger der Bön-Religion das heiligste Symbol auf Erden. Er ist die irdische Manifestation des kosmischen Weltenberges Meru und der Sitz mächtiger Gottheiten.

Über 300 rituelle Steine passiert man auf der Kora, der heiligen Umrundung des Kailash, und jeder hat seine eigene Bedeutung. An ihnen prüft der Pilger seinen Seelenzustand, sein Karma und sein Mitgefühl. Zugleich sind sie Mahnmale für Frieden und Liebe.

Türkise, Bernstein und Süßwasserperlen: In voller Farbenpracht umrunden die weiblichen Pilger aus Tibet einmal in ihrem Leben den Kailash.

Am Saga-Dawa-Tag wird an der Westflanke des Kailash ein langer Stab aufgestellt, der die Wolken anritzen soll, damit das nötige Nass auf Tibet regnet. Ein Mönch achtet darauf, dass der „Pole" absolut senkrecht in den Himmel ragt, denn davon ist das Heil Tibets im kommenden Jahr abhängig.
Nach dem Aufstellen umrunden tausende von Pilgern den Stab im Uhrzeigersinn.

Chag Salwa, das „Ausmessen" des Pilgerwegs mit der eigenen Körperlänge, ist besonders verdienstvoll. Für die 53 Kilometer der Kailash-Umrundung benötigt ein Chag-Salwa-Pilger rund zwei Wochen.

Im Norden des Himalaya dehnt sich das „Dach der Welt" als größtes und extremstes Hochland der Erde auf über zwei Millionen Quadratkilometern aus, wobei die Gebirgskette des Himalaya im Süden und Westen eine deutliche Grenze bildet. Tibet, das höchstgelegene Land der Welt mit durchschnittlichen Siedlungshöhen zwischen 3.000 und 4.000 Metern, hat auf einer Länge von 1.900 Kilometern Anteil am Himalaya. Die Südgrenze des Landes, deren Verlauf mitten durch die unzugängliche Bergwelt oft unklar und umstritten ist, stößt an Indien, Nepal, Sikkim und Bhutan.
Mit heftigen Winden und ganzjährig sehr niedrigen Temperaturen zählen die klimatischen Bedingungen in Tibet zu den härtesten der Welt. Die dichtestbevölkerte Region des Landes liegt zwischen dem Transhimalaya im Norden und der Himalaya-Hauptkette im Süden in den Tälern des Yarlung Tsangpo und seiner Nebenflüsse. Hauptanbauprodukt Südtibets ist die Hochlandgerste, die geröstet mit Buttertee zu Tsampa vermischt wird, dem Grundnahrungsmittel der Tibeter. Ein Großteil Tibets besteht jedoch aus unbesiedelten Kältewüsten und Steppe. Dort ziehen die Nomaden mit ihren Schafen, Ziegen und Yaks auf der Suche nach Weidegründen in der ungeheuren Weite und Klarheit des Hochlands umher.
Wie kaum ein anderes Land war Tibet über Jahrhunderte von Rätseln und Mythen umgeben. Viele Westler waren fasziniert und versuchten, verkleidet als Mönche oder Händler, in das geheimnisvolle Land und die verbotene Stadt Lhasa zu gelangen, doch die meisten wurden entdeckt und des Landes verwiesen. Nur wenigen, wie dem Asienforscher Sven Hedin oder Alexandra David-Néel, gelang es, Tibet kennen zu lernen. Ihre erstaunlichen Berichte machten das abgeschottete, verbotene Schneeland noch interessanter.
Die kulturelle Entwicklung Tibets wurde seit dem 8. Jahrhundert maßgeblich von dem aus Indien sich verbreitenden Buddhismus geprägt, der sich hier zum Mahayana-Buddhismus entwickelte. Diese Form des Buddhismus bietet allen Gläubigen, nicht nur den Mönchen und Nonnen, die Möglichkeit, durch gewisse Rituale und Zeremonien das höchste Heilsziel zu erreichen und vom Kreislauf der Wiedergeburten befreit zu werden. Religiös-geistiges Zentrum der Tibeter ist Lhasa. Jährlich strömen tausende Pilger in die Hauptstadt und versammeln sich am Jokhang, Tibets ältestem und bedeutendstem Tempel.

In einigen Tempeln Tsaparangs, der Hauptstadt des früheren westtibetischen Königreichs Guge, finden sich noch heute großartige Zeugnisse der buddhistischen Kunst des 15. und 16. Jahrhunderts, wie hier eine Szene aus dem Leben von Buddha: der Moment der Erleuchtung.

In den Sommermonaten, wenn die Bauern bis zur Reife der Frucht nicht mehr übermäßig viel zu tun haben, kommen sie gerne zusammen und feiern. Zu diesen Festlichkeiten gehören natürlich auch religiöse Tänze und Volkstänze, die in den farbenprächtigen traditionellen Gewändern von großer Ausdruckskraft sind.

Neben dem Jokhang ist der heilige Berg Kailash das wichtigste Pilgerziel der Tibeter. Das „Juwel Schneeberg“ wird seit alters her mit dem mythischen Berg Meru gleichgesetzt, dem Mittelpunkt der Welt. An ihm entspringen die großen Flüsse Indus, Brahmaputra, Sutlej und Karnali und fließen in alle Himmelsrichtungen. Jedes Jahr umwandern tausende Buddhisten den 6.714 Meter hohen Kailash. Und wie es bei Buddhisten üblich ist, erfolgt die Umrundung eines Heiligtums stets im Uhrzeigersinn: um einen Chörten, um einen Berg, um einen See, in den Räumen eines Klosters, entlang einer Manimauer. Denn so nimmt die Sonne ihren Lauf, und Buddha ist die spirituelle Sonne der Buddhisten.

1959 musste der 14. Dalai Lama, das Staatsoberhaupt Tibets, vor den Chinesen aus Lhasa fliehen. Er lebt seitdem in Dharamsala, im indischen Bundesstaat Himachal Pradesh am Rand des Himalaya. Tibet wurde seit der Okkupation durch die Chinesen und die chinesische Kulturrevolution in seiner innersten Substanz zerstört. Die Tragödie, die sich in Tibet abspielt, ist in ihrem vollen Ausmaß erst in das Bewusstsein der Welt gedrungen, seit dem Dalai Lama, dem politischen und religiösen Oberhaupt des tibetischen Volkes, 1989 der Friedensnobelpreis verliehen wurde.

In jüngster Vergangenheit bemüht sich die Volksrepublik China um eine gewisse Liberalisierung, die es den Tibetern zumindest in einigen Bereichen wieder ermöglicht, ihre kulturellen Werte und religiösen Traditionen zu pflegen. Von den mehr als 6.000 zerstörten Klöstern konnten sie in den vergangenen Jahren einige langsam wieder aufbauen. Es zeigt sich, dass sich das Volk der Tibeter auch nach Jahrzehnten beispielloser Unterdrückung seine Religiosität nicht nehmen lässt.

Im Gegensatz zu den Klosterfesten, wo religiöse Themen vorherrschen, sind die Maskentänze bei Volksfesten wie hier in Jongga eher weltlicher Natur. Bäuerliches Leben wird auf den Arm genommen, worüber sich die Zuschauer herzlich amüsieren. Gleich unseren Schwänken dominieren bei solchen Anlässen erheiternde Inhalte.

Der Himalaya ist durch die Kollision der indischen mit der asiatischen Kontinentalplatte und der damit verbundenen Auffaltung entstanden. Die ungeheuren erdverformenden Kräfte, die immer noch in dem Gebirge wirken, lassen sich in Tibet an gewaltigen geologischen Aufschlüssen erkennen, wie diesen wellenförmigen Gesteinsfalten in der südtibetischen Region zwischen Tingri und Shekar.

In der Region Kyirong-Jongga greift Tibet auf einem schmalen Streifen noch einmal über den Himalaya-Hauptkamm nach Süden aus. In den Schluchten Kyirongs, die in der Vergangenheit dem Handel zwischen Nepal und Tibet dienten, befinden sich zahlreiche Pilgerorte. Von der Frömmigkeit der Menschen zeugen die mit heiligen Formeln versehenen Manisteine.

Über dem westtibetischen Purang-Tal thronen die Ruinen der alten Festung Simbiling Dzong. Von dort bietet sich ein großartiger Ausblick über die Himalaya-Ketten auf der tibetischen Grenze zu Indien und die schimmernden Wasserflächen des Flusses Karnali. Dieser Fluss gehört zu den wenigen großen Strömen Tibets, die es schaffen die Hauptketten des Gebirges zu durchbrechen und in der Ganges-Ebene in den großen indischen Strom zu münden.

Toling war eines der bedeutendsten Klöster im westtibetischen Königreich Guge, und die Wandmalereien seiner Tempel gehören zu den großartigsten Zeugnissen tibetischer Kunst. Für die einfachen Gläubigen ist jedoch weniger die Kunstgeschichte von Bedeutung, sondern vor allem, dass die Gottheiten in den Tempeln präsent sind. Daher umwandern sie alltäglich die heiligen Stätten im Uhrzeigersinn – was im Angesicht des gewaltigen Sutlej-Canyons kurz vor seinem Durchbruch durch den Himalaya besonders eindrucksvoll ist.

Jeder tibetische Pilger trägt ein Amulett mit dem Bild des Dalai Lama auf seiner Reise mit sich, obwohl es seit einem Erlass der chinesischen Behörden im Jahr 1996 offiziell verboten ist.

Imposant erheben sich die Ruinen von Tsaparang mehrere hundert Meter über die Uferterrasse des Sutlej. Im schwer zugänglichen Sutlej-Canyon gelegen reichte die Macht dieser ehemaligen Hauptstadt des Königreichs Guge einst bis auf die Südseite des Himalaya und nach Ladakh hinüber. Auf der Spitze des Ruinenberges erhob sich die Zitadelle mit dem Palast, den Stallungen und natürlich einem königlichen Tempel, aus dessen Ruinen sich heute immer wieder interessante Blickwinkel ergeben.

Um von Süden nach Tibet zu kommen, muss man den tiefsten Tälern der Welt folgen. An strategisch wichtigen Punkten errichteten die Herrscher dort in allen Zeiten Kontrollpunkte, die eher Festungen glichen. Doch viele von ihnen überstanden dennoch nicht die Zeit, wie diese Ruine im Pho Chu Tal.

Oberhalb von Toling stehen am Rand des Sutlej-Canyons die Ruinen der einstigen Zitadelle. Von hier wurde das Königreich Guge in seiner Frühzeit im 10. Jahrhundert beherrscht, bis im 15. Jahrhundert das Machtzentrum in die neue Hauptstadt Tsaparang verlegt wurde.

Eine wichtige Rolle kommt in allen Cham-Tänzen, wie auch hier im Kloster Tashilhünpo, dem Schwarzhut-Tänzer zu, der als Verkörperung des Guten tanzend das Böse niederringt. Der Legende nach wollte Mitte des 9. Jahrhunderts der tibetische König Langdarma den Buddhismus in seinem Land vernichten. Daraufhin schlich sich ein als Schwarzhut-Tänzer verkleideter buddhistischer Mönch im Königshof ein und faszinierte den König so sehr mit seinem Tanz, dass er ihn aus nächster Nähe erdolchen konnte.

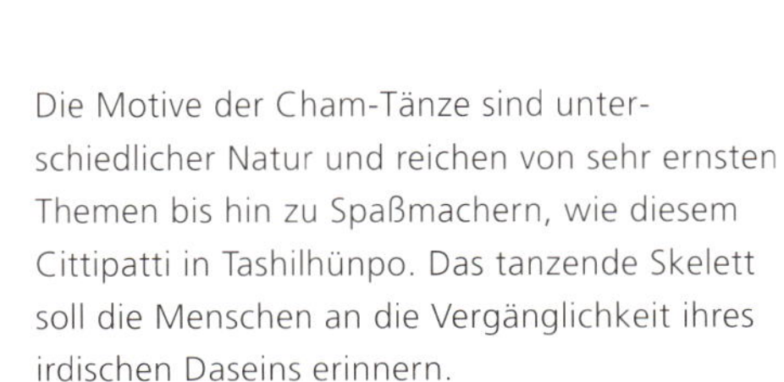

Die Motive der Cham-Tänze sind unterschiedlicher Natur und reichen von sehr ernsten Themen bis hin zu Spaßmachern, wie diesem Cittipatti in Tashilhünpo. Das tanzende Skelett soll die Menschen an die Vergänglichkeit ihres irdischen Daseins erinnern.

Die 1447 von Gedündup, dem postumen 1. Dalai Lama, gegründete Klosteruniversität Tashilhünpo in Shigatse ist das geistige Zentrum der Gelugpa-Schule des tibetischen Buddhismus. In der alten Zeit stellte sie ein Gegengewicht zum politischen Zentrum Lhasa dar. Mit 20.000 Einwohnern ist Shigatse die zweitgrößte Stadt Zentraltibets und das Herz der Provinz Tsang. Hier residiert der Panchen Lama, der neben dem Dalai Lama die wichtigste Inkarnation in der Gelugpa-Hierarchie ist.

In Tibet sind die Tänzer beim Cham ausschließlich Mönche. Mit ihren Masken und Kostümen haben sie oft ein ziemliches Gewicht zu bewegen. Die Aufgabe, die sie zu bewältigen haben, erfordert daher höchste Konzentration, denn es ist unerlässlich, dass sie sich an die fest vorgeschriebenen Tanzbewegungen halten.

Am meisten beeindruckt die tibetischen Pilger bei den Cham-Tänzen das Auftreten der Schutzgottheiten, wie zum Beispiel Yamantaka. Die Maskentänzer werden nicht einfach nur als Darstellungen der Götter angesehen, sondern die Götter nehmen während der Tänze Platz in ihnen. Daher nähern sich die Gläubigen den Schutzgöttern mit größter Ehrfurcht, wenn sie ihnen mit einer anhaltenden Verbeugung Khatags, die typischen weißen Verehrungsschleifen, überreichen, um sich damit ihren Segen zu erbitten.

Im Verlauf der Maskentänze werden immer wieder unterhaltsame Einlagen geboten. Sie sollen die stunden-, manchmal sogar tagelangen Aufführungen auflockern. Die Pilger haben daran ihre Freude, und es wird immer wieder herzlich gelacht.

Der Potala Palast in Lhasa war die Residenz des Dalai Lama bis zu seiner Flucht 1959. Das gewaltige, 13 Stockwerke hohe Gebäude thront auf einem Berg über der tibetischen Hauptstadt. Heute dient es als Museum, für die Tibeter ist es jedoch nach wie vor ein Heiligtum.

Eines der wichtigsten und aufwändigsten Feste der Tibeter ist das Neujahrsfest im Frühjahr, zu dem in Lhasa traditionell die „Große Gebetszeremonie", Mönlam Chenmo, abgehalten wird. Wenn die Pilger im Jokhang-Tempel zusammenströmen, sehen sie die Mönche höchst aktiv bei der Herstellung von Tormas genannten Opferkuchen, die für die Rituale im Kloster benötigt werden.

Zentrales Heiligtum und Herz der tibetischen Hauptstadt ist der Jokhang-Tempel, der in seinem Kern eine über 1.300 Jahre alte Bausubstanz bewahrt. Die düstere Atmosphäre der von Butterlampen beleuchteten niedrigen Kapellen im Tempelinneren beschwört eine magische Stimmung herauf, die mit dem Blick auf die goldglänzenden Dächer und Dachornamente kontrastiert. Um den Jokhang herum ziehen die Tibeter ihre Kreise auf dem Barkhor, der zugleich heiliger Platz und Markt ist.

Westlich des Shishapangma, der mit 8.012 Metern als der kleinste Achttausender des Himalaya gilt, erstreckt sich das Massiv des Kangpachen. Der schneebedeckte und vergletscherte Gebirgszug bildet eine einzigartige Kulisse über dem nahe der tibetisch-nepalesischen Grenze gelegenen See Paikü Tso.

Der urwüchsige, wild aussehende Yak ist die zentrale Figur des harten Nomaden-Daseins in den unendlich weiten Steppen des tibetischen Hochlands. Seine wissenschaftliche Bezeichnung lautet „Tibetischer Grunzochse", denn die Laute, die Yaks von sich geben, erinnern weniger an das Muhen von Rindern als vielmehr an das Grunzen von Schweinen. Yaks dienen den Tibetern nicht nur als Last- und Reittiere, sondern liefern ihnen außerdem den Grundstock für Ernährung und Gebrauchsgegenstände: neben Fleisch, Wolle und Mist als Brennmaterial vor allem Milch, die zu Butter, einem harten Trockenkäse und zum cremigsten Joghurt der Welt verarbeitet wird.

An wohl keinem Ort in Tibet erlebt man auf so kurzer Strecke so viele Wasserfälle wie in der Nyalam-Schlucht. Wenn die feuchten Luftmassen des indischen Monsuns in diesen Teil des Gebirges drücken, regnen sich die Wolken ab und bescheren der Schlucht zehnmal so viel Niederschläge wie dem nördlich des Gebirgskamms gelegenen Ort Tingri. Die Wassermengen zerstören immer wieder Straßen und Fußwege, so dass der Mensch sich hier in ständigem Kampf mit den Naturgewalten befindet.

Zu Füßen des Kailash liegt im Süden der See Manasarovar, der höchste Süßwassersee der Welt. Er ist annähernd rund und symbolisiert daher die Sonne und das Licht. Die Form des benachbarten Sees Rakshas Tal dagegen erinnert eher an die Mondsichel; daher steht er für die Finsternis. Pilger verehren vor allem den Manasarovar See und umrunden ihn ehrfürchtig.

Eines der zentralen Ereignisse beim Klosterfest von Paro ist das Aufhängen des Thankas, eines gewaltigen Rollbildes aus applizierten Stoffen, das in den frühen Morgenstunden an einer Tempelfassade entrollt wird. Nachdem die Mönche ihre Gebets-Zeremonien zu Füßen des monumentalen Bildnisses von Padmasambhava abgehalten haben und die Pilger ehrfurchtsvoll daran vorbeidefiliert sind, wird es noch vor Sonnenuntergang wieder eingerollt.

Das Paro-Fest übt eine große Anziehungskraft auf die Menschen aus, die teilweise von weit her kommen. Neben den religiösen Zeremonien gibt es selbstverständlich auch Märkte und einen unserer „Kirchweih" vergleichbaren Rummel, bei dem es auch heißt: sehen und gesehen werden. Daher legen die Bhutaner ihre schönsten Gewänder an – so wie diese junge Frau.

Zu den großartigsten Erlebnissen in Bhutan gehört die Teilnahme an einem der zahlreichen Klosterfeste, deren berühmtestes in Paro stattfindet. Umrahmt von den Klosterburgen des Städtchens und einem Tempelgebäude werden auf einem erhöht gelegenen Platz zur Feier des Geburtstags des größten buddhistischen Missionars Padmasambhava Maskentänze aufgeführt.

Bhutan

Zu den Klosterfesten strömen Scharen von Pilgern in die Dzongs. Dieser Pilger hat sich vor der Klosterburg ein Plätzchen gesucht, an dem er unablässig trommelt und betet – wohl nicht nur aus Sorge um sein Seelenheil sondern auch in der Hoffnung auf eine kleine Spende.

Vom „Sonnenbalkon Westbengalens", der Nationalpark-Station Sandakpuk, kann man durch mächtige Kiefern bis weit nach Bhutan blicken. Bei klarer Sicht sind auch die Gipfel der Himalaya-Kette im Hintergrund zu erkennen.

Kein Himalaya-Staat schützt seinen kulturellen und natürlichen Reichtum so konsequent wie Bhutan, das völlig isoliert lag, bis der damalige König 1958 die erste Straße nach Indien bauen ließ. Seitdem wurde ein Fünftel Bhutans zu Naturparks erklärt, neue Häuser dürfen nur im traditionellen Stil erbaut werden, Behörden nur in den traditionellen Gewändern betreten werden, und Gipfel über 7.000 Meter Höhe gelten als Göttersitze und sind für Bergsteiger tabu. Seit sich das Himalaya-Königreich dem Westen geöffnet hat, ist man dort bemüht, aus den Fehlern der Nachbarländer zu lernen. Bhutan will seinen Weg in die Zukunft finden, ohne dabei seine reiche Kultur und religiöse Tradition dem Materialismus der westlichen Welt zu opfern.

In seiner Ausdehnung nur wenig größer als die Schweiz erstreckt sich Bhutan von den höchsten Himalaya-Gipfeln bis in die bengalische Ebene. Direkt durch die Mitte verläuft die nahezu unüberwindliche Kette der sogenannten Schwarzen Berge, die das Land in zwei relativ unterschiedliche Regionen teilt: Die im Osten lebenden dunkelhäutigen Völker gleichen denen im benachbarten Assam, im Westen leben die eigentlichen Bhutaner. Bhutan ist ein fruchtbares Land mit einem angenehmen Klima, das der Monsun durch die südlichen Gebirgsketten abgefangen nur abgeschwächt erreicht. Der überwiegende Teil der Bevölkerung lebt in kleinen Dörfern von der Landwirtschaft. Bis in Höhen von 2.400 Metern wird auf bewässerten Terrassen Reis angebaut. Oberhalb der Reisfelder wachsen Mais, Hirse, Gerste und sogar Kartoffeln. Auf den alpinen Matten jenseits der Waldgrenze grasen Yak- und Schafherden, und viele Bhutaner pendeln zwischen ihren dortigen Sommersitzen und ihren Häusern im Tal.

Druk Yul, das „Land des Donnerdrachens", wie die Einheimischen Bhutan nennen, ist das einzige Land der Welt, in dem die tantrische Form des Mahayana-Buddhismus als offizielle Religion gilt. Der Glaube der Menschen durchdringt alle Aspekte des täglichen Lebens. Über das ganze Land verteilt erinnern Chörten an jene Orte, an denen Guru Rinpoche oder andere hohe Lamas meditiert haben sollen. Überall wehen Gebetsfahnen im Wind und sind Gebetsmühlen in Bewegung. Die Mittelpunkte des kulturellen und religiösen Lebens sind jedoch die prachtvoll verzierten, monumentalen Klosterburgen, die Dzongs. Mit ihrer typischen Architektur haben diese Stätten der Bildung und Gelehrsamkeit das Gesicht des Landes

geprägt. Dzongs wurden in der Vergangenheit an strategisch wichtigen Punkten errichtet, etwa an Handelswegen oder auf schwer einzunehmenden Bergrücken. In Kriegszeiten sollten die Wehranlagen der Bevölkerung Schutz bieten, doch mit der Zeit entwickelten sie sich zu Zentren der weltlichen und religiösen Macht.

In Bhutan wird niemand so verehrt, wie Padmasambhava, der im 8. Jahrhundert eine wichtige Rolle bei der Verbreitung des Buddhismus aus Indien im westlichen Himalaya und in Tibet spielte. Der Legende zufolge ist Guru Rinpoche, wie er in Bhutan genannt wird, damals auf einer Tigerin von Tibet über den Himalaya hinweg nach Bhutan geflogen. In einer Felshöhle hoch über dem Parotal soll er vier Monate lang meditiert haben. An dieser Stelle befindet sich heute das Kloster Taktsang, das berühmte „Tigernest".

Durch die von Juni bis Oktober dauernden Monsunfälle findet sich in Bhutan eine üppige Waldvegetation mit Farnen, Bambus, Schlingpflanzen und Orchideen auf riesigen Banyan- und Teakbäumen. Anders als beispielsweise in Nepal wurde in Bhutan der Abholzung und Rodung der waldbestandenen Hänge früh ein gesetzlicher Riegel vorgeschoben. So blieben große, zum Teil unberührte Urwälder erhalten, die einer artenreichen Tierwelt Lebensraum bieten. Vor allem Schlangen, Vögel und Schmetterlinge, Hirsche und Büffel prägen die Fauna das Landes, aber auch Leoparden, Elefanten, Tiger, Bären und Indische Panzernashörner sind in Bhutan noch heimisch – die drei letztgenannten vor allem im Königlichen Wildreservat von Manas.

Immer wieder überraschend: In Bhutan, das statistisch zu den ärmsten Ländern der Welt gerechnet wird, finden sich viele große und überaus schön geschmückte Bauernhäuser, die zuweilen fast schon als prächtig bezeichnet werden können. Die Güter und Werte der überwiegend als Selbstversorger lebenden Bhutaner gehen in keine Statistik ein. Sie zeigen sich dagegen zum Beispiel im Dekor ihrer Häuser, die wie hier mit hübsch verzierten Türen und Malereien versehen sind.

Dort wo sich der Fluss Mo Chu aus dem Punakha-Tal in das weite Tal bei Lobeysa ergießt, stehen nach einem langen Winter die ersten Terrassenfelder in voller Blüte.
Um die dichter besiedelten Regionen Paro und Thimpu hat der Holzeinschlag auch in Bhutan gravierende Ausmaße angenommen. Daher muss das Feuerholz dort manchmal von weit her geholt werden. Ein Korb auf dem Rücken ist das übliche Transportmittel.

Eines der zentralen Heiligtümer Bhutans ist das in einer steilen Felswand auf 3.000 Metern gelegene Taktsang-Kloster, das wegen der mit ihm verbundenen Legende „Tigernest" genannt wird. Der Überlieferung nach soll der buddhistische Heilige und Magier Padmasambhava hier gelandet sein, nachdem er Tibet auf dem Rücken einer Tigerin fliegend verlassen hatte. Das Kloster wird nach einem verheerenden Brand im Jahr 1998 langsam wieder aufgebaut.

Ein Pilger auf dem Weg zum heiligen „Flammenden See" meditiert auf einem Stein am Fluss, bevor er seine Reise fortsetzt.

Die Tempelhallen von Taktsang Gompa, dem berühmten „Tigernest", zählen zu den heiligsten Orten des Landes. Das Kloster wurde um die Meditationshöhle Padmasambhavas herum erbaut und ist eines der bedeutendsten Pilger- und Wallfahrtsziele im Himalaya.

Der Punakha Dzong, auf einer Flussinsel gelegen, ist eine Klosterburg par excellence, die sowohl militärische als auch religiöse Anforderungen in idealer Weise erfüllt.

Um am Klosterfest von Punakha teilzunehmen, legen die Pilger oft viele Tagesmärsche zurück – wie diese beiden Frauen aus dem Laya-Tal.

Dort wo der Fluss Tang die erste Hügelkette durchschneidet und eine enge Schlucht passiert, liegt der „flammende See" Mebartsho, eine der bedeutendsten Pilgerstätten in Bhutan. Aus dem ganzen Land kommen Gläubige an diesen heiligen Ort, hängen Gebetsfahnen in den Wind und blicken ehrfurchtsvoll auf das stille Wasser.

Der Maskentanz ist in Bhutan auch heute noch ein heiliges Ritual und keine Touristen-Show. In den Dzongs dürfen nur auserwählte Mönche als Tänzer auftreten. Doch auch die Royal Dance Academy von Thimpu, deren Schüler hier zu sehen sind, hat den Auftrag, die Tänze als kulturelles Erbe zumindest choreographisch zu „konservieren".

Tashi Chho Dzong in der Hauptstadt Thimpu ist eine der größten Klosterburgen Bhutans. Anders als in Tibet hat sich im „Land des Donnerdrachens" ein Baustil entwickelt, der die Funktion der großen Klosterburgen sowohl als Sitz der sakralen als auch der weltlichen Macht widerspiegelt: Die Tempelhallen im Inneren werden von massiven Außenmauern wie in einer Festung geborgen. Tashi Chho Dzong ist bis heute Sitz der Staatsregierung und des lamaistischen Klerus von Bhutan.

Wohl kein Dzong in Bhutan ist beeindruckender als Tongsa Dzong, die Klosterburg, aus der die bhutanische Königsfamilie Wangchuk stammt. Auf einem lang gestreckten, steil abfallenden Bergsporn thront der größte Dzong des Landes wie eine Gralsburg hoch über dem Fluss. Er hat in früherer Zeit die Wege vom Westen in den Osten des Landes kontrolliert, denn der wichtigste Saumpfad führte mitten durch die Klosterburg.

Abseits der Hauptsiedlungen in den Tälern der großen Flüsse wirkt Bhutan fast menschenleer. Schmale, aber gut instand gehaltene Straßen verbinden die Haupttäler über 3.000 bis 3.500 Meter hohe Pässe miteinander. Vereinzelte Felder in den Nebentälern weisen auf die dünne Besiedlung hin, die oft nur aus vereinzelten Bauerngehöften besteht. Hoch an den Hängen liegend sind die Höfe von der Straße aus in der Regel nur in stundenlangen Fußmärschen erreichbar.

Unter den Klosterburgen Bhutans ist der Wangdiphodrang Dzong sicher eine der stattlichsten. Während die sonstigen Bauten bereits überwiegend durch Wellblech gegen die Witterung geschützt sind, haben die Mönche und Verwalter dieser Burg noch das ganz traditionell mit Holzschindeln gedeckte Dach bewahrt. Damit es nicht von den jeden Nachmittag auffrischenden Winden davongetragen wird, sind die Holzschindeln mit Steinen beschwert.

Imposant ist überall im Himalaya der Wechsel der Naturlandschaft. Die in der Höhe zwar feuchte, insgesamt aber doch karg wirkende alpine Sträucher- und Mattenvegetation geht in mittleren Höhenlagen in Rhododendron-Koniferenwälder und wird in tieferen Lagen schließlich zu einer tropisch-immergrünen Laubwaldvegetation.

Die bildschönen Kleinen Pandas *(Ailurus fulgens)* leben in den Bergwäldern und Bambusdickichten am Südosthang des Himalaya und sind normalerweise sehr verspielt.
Da ihr herrliches Fell bei Wilderern sehr begehrt ist, sind sie vom Aussterben bedroht.

Die Fotografen / Bildnachweis

Die schweizer Fotografin **Alessandra Meniconzi** liebt es, auf ihren Reisen mit dem Fahrrad oder auf Schusters Rappen durch die Wildnis zu streifen. Es zieht sie vor allem nach Asien: Tibet, Ladakh, Zanskar und die abgelegenen Winkel Chinas gehören zu ihren bevorzugten Zielen.

CH - 6958 Bidogno
Tel: 0041 - 91 - 9435303 · Mobil: 0041 - 76 - 3325303
E-Mail: alex.image@freesurf.ch
www.alex.image.ihateclowns.com

Seite 32, 37 unten, 54, 55, 56, 57, 60 links, 61, 128, 134, 135, 138

Franz Aberham ist inzwischen seit mehr als dreißig Jahren als freier Fotograf und Fotojournalist tätig. Seine besondere Liebe gilt Afrika und dem Himalaya Raum. Im ladakhischen West-Himalaya verbrachte er auf mehreren Reisen über ein Jahr.

Moslbergerstraße 49
A - 4502 St. Marien
Tel / Fax: 0043 - 7227 - 20062

Seite 1, 9, 13, 20, 21, 30 links, 33 links, 34 rechts, 38, 39 rechts oben u. links, 43, 44, 45, 46, 48, 49, 50, 51, 88, 91, 102, 108 rechts, 109, 111 links

Torsten Andreas Hoffmann studierte Kunst- und Werkpädagogik mit dem Schwerpunkt Fotografie. Nach einer Lehrtätigkeit in Braunschweig und einem Lehrauftrag an der Uni Hildesheim arbeitet er seit 1988 als freiberuflicher Fotograf.

Obergasse 1 · 38640 Goslar
Tel / Fax: 05321 - 330022 · Mobil: 0170 - 8940957
E-Mail: artphoto@t-a-hoffmann.de · www.t-a-hoffmann.de

Titelbild und Seite 2, 4/5, 17, 52/53, 82/83, 85, 90, 92, 97 oben, 98, 99, 104/105, 106, 107, 108 links, 110 rechts unten, 115, 119, 121

Als Gewinner zahlreicher Foto-Wettbewerbe hat **Leo F. Postl** seinen Schwerpunkt in den vergangenen Jahren mehr und mehr auf den fotojournalistischen Bereich gelegt. Für seine Reportagen arbeitet er weltweit unter abenteuerlichen Bedingungen.

Friedrich-Ebert-Straße 27
65451 Kelsterbach
Tel: 06107 - 61362 · Fax: 06107 - 64655

Seite 6, 110 links, 129, 130, 131, 136, 139, 156, 162, 170, 171, 173, 174 rechts, 176, 177, 178, 182 rechts

Als freier Fotojournalist hat sich **Uwe Dürigen** auf die asiatischen Länder spezialisiert. Seine Berichte beschäftigen sich in erster Linie mit religiös-kulturellen sowie politischen Themen. Darüber hinaus hat er mittlerweile zahlreiche Reisereportagen erstellt.

Rudolfstraße 4-6 · 75177 Pforzheim
Tel: 07231 - 359655 · Fax: 0175 - 7769993
E-Mail: mail@duerigen.de · www.duerigen.de

Seite 33 rechts, 40 links oben

Das Spezialgebiet des Fotojournalisten und Produzenten von Dia-Shows **Olaf Krüger** ist der indische Subkontinent, den er seit zwölf Jahren bereist. Seine neuste, in der Saison 2002/03 anlaufende Multivision wird sich mit dem Süden Indiens befassen.

Mömpelgarderweg 8/10 · 72072 Tübingen
Tel: 07071 - 367555 · Fax: 07071 - 365368
Mobil: 0170 - 7745144
E-Mail: ok@diawelt.com · www.diawelt.com

Seite 30 rechts, 69, 132, 133, 137

Der gelernte Fotolaborant **Johannes Nautsch** absolvierte mehrere Kurse in naturwissenschaftlicher, biologischer und elektronenmikroskopischer Fotografie, bevor er sich als freier Fotograf im Bereich der Werbung und der wissenschaftlichen Fotografie selbstständig machte.

Sandgrubweg 3
78262 Gailingen
Tel: 07734 - 2451

Seite 100, 101, 110 rechts oben, 111 rechts

Der Frankfurter Foto- und Fernsehjournalist **Dieter Glogowski** bereist seit über zwanzig Jahren die Himalaya-Region. 1993 wurde er von den Mönchen des Klosters Lingshed (Zanskar) zu ihrem Repräsentanten für Deutschland gewählt.

Stammheimerstraße 14 · 63674 Altenstadt
Tel: 06047 - 68442 · Fax: 06047 - 67526 ·
Mobil: 0171 - 5320238 E-Mail: info@dieter-glogowski.de
www.dieter-glogowski.de

Umschlagrückseite unten und Seite 14, 22, 23, 25, 26, 27, 28, 29, 34 links, 37 oben, 40 rechts, 41, 47, 84, 89, 95, 96, 97 rechts unten, 112, 113, 114, 116, 117, 118, 120, 122, 125, 126/127, 146, 147, 149, 154 rechts

Seit rund zehn Jahren fotografiert und schreibt **Iris Kürschner** für verschiedene Zeitschriften und Verlage. Das Spezialgebiet der Fotojournalistin aus dem Dreiländereck Markgräfler Land sind Gebirge: in erster Linie die Alpen und der Himalaya.

Vogesenstraße 1 · 79639 Grenzach
Tel: 07624 - 1568 · Fax: 07624 - 2904
E-Mail: Iris.Kuerschner@t-online.de

Umschlagrückseite links und Seite 62, 63, 65, 66, 67, 68, 70, 71, 72, 73, 74, 75, 76, 77, 78, 79, 80, 81, 86, 87, 93

Tigo Zeyen arbeitet seit 1987 als Journalistin und beschäftigt sich dabei am liebsten mit kulturhistorischen und gesellschaftspolitischen Fragen. Zusammen mit ihrem Team-Gefährten **Armin Mildner** unternahm sie ausgedehnte Reisen, besonders nach Asien.

Am Kurtenwaldbach 40 · 51107 Köln
Tel: 0221 - 9863588 · Fax: 0221 - 9863589
Mobil: 0177 - 5531412 · E-Mail: tigozeyen@t-online.de

Tigo Zeyen: Seite 39 rechts unten, 40 links unten

Armin Mildner: Seite 36, 42

Von seiner Ausbildung her Geograph, Ethnologe und Sinologe areitet **Andreas Gruschke** seit Jahren als freier Autor, Fotograf und Reiseleiter. Schwerpunktmäßig hat er in der Vergangenheit in China, Tibet und Bhutan fotografiert.

Sandstraße 24 · 79104 Freiburg
Tel / Fax: 0761 - 382879
E-Mail: gruschke@freenet.de · Andreas.gruzim.de

Seite 140, 141, 142, 143, 144, 145, 150, 151, 152, 153, 154 links, 155, 157, 158, 159, 160, 161, 163, 164, 165, 166, 167, 168, 169, 172, 174 links, 175, 179, 180, 181, 182 links, 183

Der Fotograf und Autor **Fredi Lange** ist seit 1985 bereits mehrmals durch China, Tibet, Ladakh, Nepal und die Mongolei gereist. Von seinen Erlebnissen berichtet er in Vorträgen und Dia-Shows. Außerdem leitet er jedes Jahr mehrere Fotoreisen und Expeditionen.

Wildenbruchstraße 84 · 12045 Berlin
Tel / Fax: 030 - 6864774
E-Mail: fredlange@snafu.de · home.snafu/fredlange

Umschlagrückseite oben und Seite 124, 148

Den slowakischen Fotografen **Peter Moravec** zieht es immer wieder in den Himalaya. In den letzten Jahren hat er mehrere Monate im indischen Teil Kaschmirs, in Ladakh, Westtibet und der entlegenen Dolpho-Region im Norden Nepals verbracht.

c/o Sabine Lehnert · Ernsdorf 5
83209 Prien / Chiemsee
Tel: 08051 - 62347
E-Mail: petermoravec@yahoo.com

Seite 31, 35, 58, 59, 60 rechts, 94, 103